IBM
商业价值
报告

社交化业务

IBM商业价值研究院 著

人民东方出版传媒
People's Oriental Publishing & Media
東方出版社
The Oriental Press

图书在版编目（CIP）数据

IBM 商业价值报告. 社交化业务 / IBM 商业价值研究院 著. —北京：东方出版社，2014. 12
ISBN 978-7-5060-7891-7

Ⅰ. ①I…　Ⅱ. ①I…　Ⅲ. ①企业管理—研究报告　Ⅳ. ①F270

中国版本图书馆 CIP 数据核字（2014）第 301825 号

IBM 商业价值报告：社交化业务
（IBM SHANGYE JIAZHI BAOGAO：SHEJIAOHUA YEWU）

作　　者：IBM 商业价值研究院
责任编辑：申　浩
出　　版：东方出版社
发　　行：人民东方出版传媒有限公司
地　　址：北京市东城区朝阳门内大街 166 号
邮政编码：100706
印　　刷：北京盛通印刷股份有限公司
版　　次：2015 年 3 月第 1 版
印　　次：2015 年 3 月第 1 次印刷
印　　数：1—5000 册
开　　本：710 毫米×1000 毫米　1/16
印　　张：15
字　　数：200 千字
书　　号：ISBN 978-7-5060-7891-7
定　　价：58. 00 元
发行电话：（010）64258117　64258115　64258112

目录

序一

把握住商业和科技变革的时代脉络

IBM 大中华区首席执行总裁　钱大群

每年，IBM 全球企业咨询团队和 IBM 商业价值研究院的研究团队都会针对商业和科技发展的趋势进行深入研究，给出我们对于企业和行业发展方向的看法。IBM 坚持不懈地在这个领域投资，目的是为了把握住商业和科技变革的时代脉络，为客户提供丰富的思想资源和有价值的方法论。

今年，IBM 商业价值研究院的研究团队跟踪研究大数据、云计算和社交移动三大趋势，并将研究成果出版成册。我们清楚地看到，这三股技术潮流裹挟在一起，已经形成了前所未见的商业变革动能。

这三大科技趋势已经成为很多商业界和科技界人士的共识，但如何把它们转变成公司的竞争优势？如何结合自身的特点，找到独特的战略路径，运用这一轮科技趋势为企业创造价值，把握住这个变革的时代脉络？IBM 商业价值研究院的这本著作，既是 IBM 对这个问题的调研和深入思考，也反映了 IBM 自身的实践。

去年以来，IBM 围绕这三大趋势，明确了转型的三大战略。

我们认为，数据正在成为新的自然资源，将成为企业的竞争优势，所以 IBM 的转型战略是要运用数据推动行业和专业转型。IBM 先后投资 240 亿美元在大数据方面，比如：投资 10 亿美元成立 IBM Watson 集团，推动认知计算的发展。在这一战略的推动下，2014 年 IBM 的数据分析业务成长了 7%，营收达到 170 亿美元。

在云计算领域，我们认为云计算的本质是将企业的 IT 和业务流程转变为数字化服务，从而让公司的业务模式具备高度的可配置性与可扩展性，重新定义企业级 IT。我们投资 70 多亿美元，收购 15 家与云计算相关的企业，包括 SoftLayer；投资 12 亿美元建立覆盖全球的 40 个云数据中心。2014 年，IBM 的云计算业务成长超过 60%。

社交移动会改变所有人的工作方式、工作时空、工作状态，也可以为企业构建客户参与的互动体系。我们与苹果、Twitter、腾讯等公司建立了与社交移动相关的战略联盟。2014 年，IBM 的移动业务成长超过了 300%。

我们认为大数据、云计算、社交移动不是独立的，而是相互融合的。企业以数据为基础构建核心竞争力，以云计算改变企业的商业模式，以社交移动创建企业的互动参与体系。无论从硬件、软件、平台到服务，IBM 都有着相当前沿的技术和相当领先的能力。

在大数据、云计算、社交移动领域，IBM 具有丰富的行业知识并且积累了各行各业大量成功的实践，可以帮助客户实现技术层面的价值，制定战略性的、可实施的路线，实现业务和商业模式的创新，并且能延伸到一个行业、一个区域，最终构建生态系统和推动区域经济。

今天，在中国，三大领域正在迅猛发展。IBM 一贯坚持开放、协作、创新的战略，正在以更加开放的姿态将其核心科技和能力与中国分享，并在大数据、云计算、社交移动领域开展更为广泛的合作，目前我们已经取得了一定的成果。

在 2014 年 APEC 期间，IBM 与北京市环保局合作的“绿色地平线”计划，运用物联网和大数据分析技术，帮助将雾霾预报的时间从过去的 24 个小时提前到 72 个小时，精度从过去的 10 公里×10 公里提高到 1 公里×1 公里，达到初步成效。

我们与一家世界级的手机企业合作，用 IBM SoftLayer 全球云计算的能力，帮助用户用社区和电子商务系统提升全球的客户服务，帮助再造优质的 CRM 系统。

2014 年世界杯期间，我们与腾讯合作，运用自然语言理解和分析技术，实时收集社交平台上的讨论，了解 6 亿线上球迷的关注点，有针对性地策划世界杯报道。视频观看率提高 163%，图片新闻阅读率提高 61%，文字报道阅读率提高 54%。

今天，我们正在经历新的、变革的时代。这一场变革将重整、重塑 IT 行业、公司的经营模式，改变人们的工作方式。我很高兴地看到 IBM 商业价值研究院的这套专辑，以丰富的行业、企业案例和深入的调研为读者提供了代表 IBM 水准的商业洞察。我们希望能够抛砖引玉，与各位读者交流分享，形成共识，共同见证和推动这一场意义重大的商业科技变革。

錢大群

2015 年 2 月

序二

你今天社交移动了吗?

IBM 全球企业咨询服务部（GBS）
大中华区总经理
兰希 · 托马斯（Nancy E. Thomas）

这并非一句故意搞笑的问候语。我们正在目睹一次从未经历过的巨变。这一巨变并非由行业引发，却发自我们每一个人每一天的决策、行动、期望和创新。普通人的行为正在促成这场变革，就像你和我，无数的客户、市民、学生、员工、00后以及商界领袖都包括在其中。如今，无论是企业还是个人的交往互动，无不被科技所渗透。随着业务日益成熟、规模不断扩大，尤其是在当今以客户为中心的环境下，数字和实体的紧密结合对于企业保持竞争优势就变得尤为迫切和重要。

未来五年，数字技术将持续推动经济的巨大变革，促进产业融合，打破原有的价值链并催生出新的生态系统。这种技术变革将持续飞速发展演进，不会停息。身处此情此境，企业无暇坐以待毙。然而，IBM 数字变革调研的结果却不容乐观——虽然已经深深认知到数字技术对企业乃至整个世界影响日益深远，大部分CEO尚未对这一巨变做好准备。约60%的受访CEO表示，他们尚未制定出适当的整合的实体—数字战略。

在这个大数据的时代，越来越多的企业开始关注利用云计算、大数据、社交、移动等创新技术，以期推动业务的发展与创新。现在，我们面临的挑战是，如何处理海量的非结构化和不确定的数据，并从这些数据中挖掘商业价值。为了迎接这一挑战，以Watson为例的认知计算技术应运而生，这些新技术趋势复杂且富有颠覆性。因此，企业需要将技术研发力量与自身业务发展紧密结合，在战略初期就充分考虑、设计并部署这些创新技术。技术研发力量与业务的融合正在成为企业释放新技术价值的重要前提。

另一方面，当前知名的大型企业常常要面临规模虽小却更为灵活的公司带来的挑战，这些具有颠覆性创新精神的小公司往往通过提供更为精细灵活的服务来占领市场。由此可见，企业必须做的就是寻找开放市场中的空白点来进行创新和构建新服务。而在转型的关键节点，企业则需要将客户纳入到技术创新的过程中，客户不再是一位置身事外的旁观者。理想情况下，客户与企业应该一起参与创新、共同迎接挑战。

以上数据观察和趋势分析绝非主观臆测，而是出自IBM商业价值研究院基于事实的独立研究成果。我们认为，构建企业级互动参与体系是大势所趋，有战略眼光的企业领导者将会：使用移动和社交来提升反应速度，随时随地与客户、合作伙伴、员工交互；在每一次与客户的交互中体现个性化；提供安全可靠的系统，保护客户隐私，与客户建立长期关系。对于企业而言，这些战略中的某些成分的确颇为大胆，需要一定的勇气和冒险精神，但这绝对值得一试！

各行各业都在经受变革的洗礼，咨询行业也不例外。越来越多的咨询服务提供商开始认识到以创新技术打造全新客户体验的重要性，并积极将研发能力等与传统咨询服务模式相结合，从而证实新科技在企业变革中的价值所在。以 IBM 为例，为了提升全球企业咨询服务的能力，IBM 在全球广泛建立了互动体验实验室，让研发人员在咨询服务项目初期就积极参与进来。这开启了全新咨询服务模式，在这种模式下，科学家可以直面客户需求，并与客户一道共同开发出基于企业实际需求的解决方案。该实验室是研发实力与技术能力相互融合的硕果，集下一代社交、移动、分析和云技术之大成，分析业务面临的挑战，与客户一起共同创造解决方案，在每一个接触点都让个体参与进来，帮助企业转变模式，令其客户能够以全新方式体验企业的产品、服务与品牌。这是一种全新的客户参与体系，它正在让企业创造出以客户为中心的划时代的创新体验。

尊敬的读者/客户，当你打开手中这套书，就如同打开了数字百宝箱。书中收纳的 15 份研究报告分别就社交、移动、分析和云技术四个专题展开了现状调研和趋势分析，进而向企业提出战略建议和实施指南。更为宝贵的是，每份报告里都引用了多个生动的企业案例，展示了具备创新精神和前瞻眼光的领导者们如何引领企业乃至整个行业挺立在数字大潮的潮头！

感谢你的关注！祝你阅读愉快！

Nancy E Thomas

2015 年 2 月

第 1 章

数字化变革

——为截然不同的未来做好准备

文/ Saul Berman，Anthony Marshall，Nadia Leonelli

当今互连又有权限的人们需要 7×24 的接入和组织透明性。他们希望对组织施加更高的个人影响力，并且在日常生活中参与到更多的数字化活动中。在 IBM 全球最高管理层的调研中，4183 位受访高级主管中的 55%指出，消费者对业务战略的影响力仅次于高级管理层。[1]

在 2013 年 IBM 数字化变革调研中，63%的领导者期望消费者在未来对其业务施加更高的权力和影响力。

加速数字和其他技术推动力的最终结果就是前所未有的全面颠覆。然而，大多数企业尚未全面了解截然不同的数字化未来的全部含义。在被问及企业目前有哪种数字战略时，超过 60%的 CEO 告诉 IBM，他们仍然缺乏整合的实体——数字战略。[2]

数字技术将最终推动经济的重大变革：价值链将破裂，行业将融合，而且新生态系统将涌现。结果，价值创造和价值分配的机制也将随之改变。我们在数字变革调研中采访的 1100 位高管中的 58%期望，在未来五年中，新技术能够降低门槛，而 69%的受访者认为，在未来五年中，跨行业竞争会更加激烈。

那么，持续的数字颠覆将会导致怎样的未来？新型融合技术如何影响企业和行业？企业目前如何开始准备应对截然不同的业务环境？特别是，在动荡和持续变革时期，哪些投资、优先任务和行为可以奠定未来成功的基础？

2013 年 IBM 数字化变革调研思考了这些问题的答案。为了更好地了解数字技术对当前企业的深远影响，IBM 商业价值研究院调查了 15 个国家中的大约 1100 位业务和政府主管，以及 5000 位客户，并与 30 位著名的未来主义者进行了深入的访谈（详见“附件：方法论”部分）。

通过对调研结果进行分析得知，随着技术的持续变化，企业和个人的互动也不断改变——而且这种变化会不断加快。事实上，在 20 世纪的大部分时间内，全球经济的特征是以组织为核心。当前的状态，即以个人为中心，大约出现于 1990 年，但这一状态将进一步演变为每个人对每个人（Evenyone & Everyene，E2E）的交流模式。

在 E2E 环境中繁荣发展要求以颠覆性创新来挑战既有的规范，消除组织界限。重要的是，企业必须以开放的姿态接受外部影响，扩展合作范围并且加快数字技术投资——越快越好。这份高管报告提供了为迎接快速到来且截然不同的未来做好准备的可行方法。

飞速发展：数字化

数字化正迅速改变着个人和企业互动的本质，结果造就了以个人为中心的经济。个人的互连程度更高，拥有的权限更大，导致他们对信息接入、无处不在的连接能力和透明性提出了更高的期望。通过多种设备保持连接的能力提高了消费者对企业的影响力，并且推动企业制定以消费者为中心的业务战略。竞争来自不同的全新领域，以前未曾预料的新进入者出现，他们带来了新的威胁。企业纷纷采取创新的业务模式，并运用新的数字化能力去实现独特的消费者体验。IBM 全球最高管理者调研表明，在过去三年内，他们的关注点正在从旨在降低运营成本的业务战略转向企业的增长和转型（图 1.1）。[3]

在 20 世纪初，经济环境以组织为中心，而且以生产商推动消费为主导。福特及其 T 型车是这种模式的例子。行业的特征是高进入门槛和资本密集型生产，生产由规模更大的企业控制。

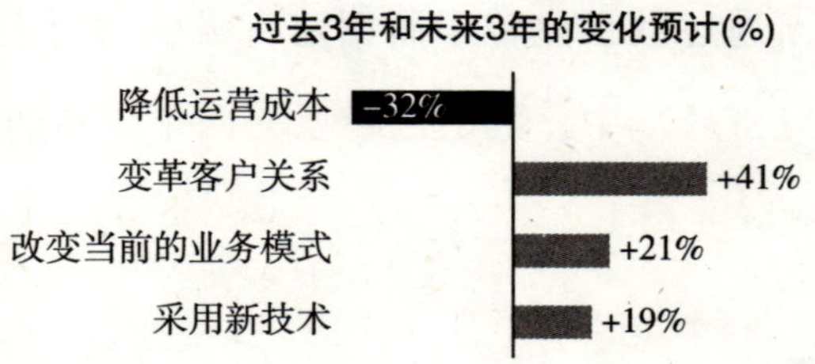

资料来源：IBM 全球最高管理层调研，CEO 问题："您的业务战略中的最优先任务是什么？"

图 1.1　企业从大力关注运营成本转向关注增长和转型

后来，随着技术能力改变了消费者的期望，以企业为中心的经济逐步演变为当前以个人为中心的经济（图 1.2）。以个人为中心的经济的特征是产品差异化和个人化市场细分，目标是为消费者创造价值。它高度关注设计和营销，而且企业致力于创造相关的定制体验，为消费者提供价值。

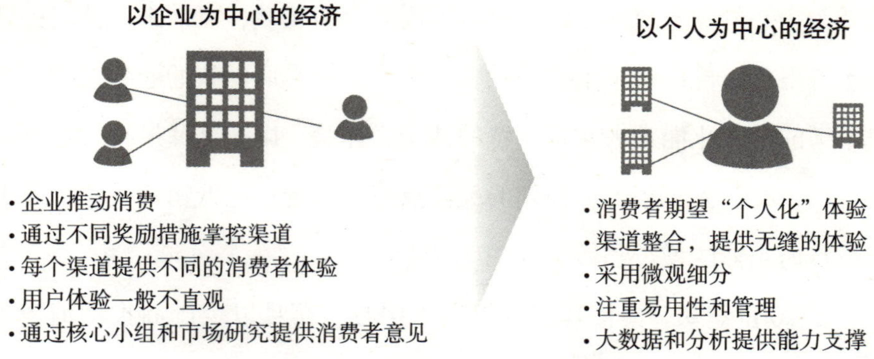

图 1.2　以个人为中心的经济的属性：注重创造有价值的消费者体验

如 2011 年调研“数字化转型：创建数字与实体融合的全新业务模式”指出，企业不断通过数字化转型而创建有吸引力的消费者体验。[4] 在以个人为中心的经济环境中，数字化转型的四个要素至关重要：灵活、整合、定制和响应（图 1.3）。

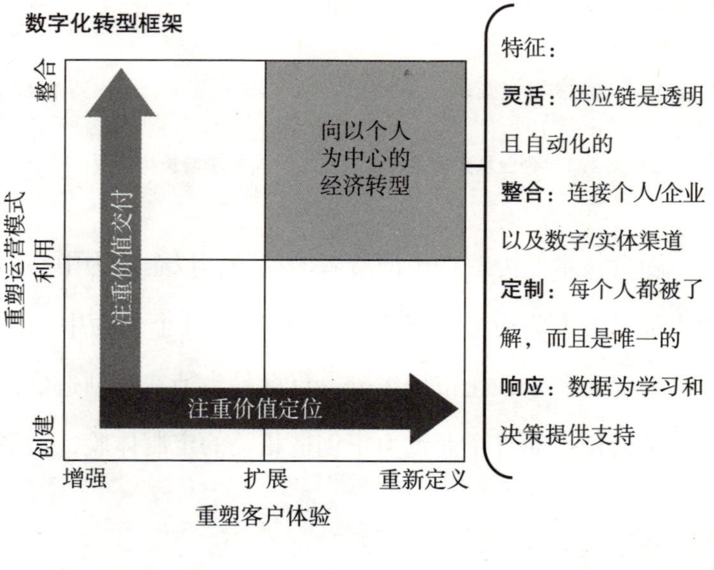

资料来源：IBM 商业价值研究院，“数字化转型：创建数字与实体融合的全新业务模式”。

图 1.3　数字化转型产生的客户体验可满足个人的需求或期望

技术颠覆：过去和现在

回顾1978年，个人电脑、移动电话和互联网尚处于雏形阶段。这些强大的颠覆性创新塑造了我们当前生活的社会，并且经过几十年时间才发挥出全面的影响力。如今，技术变革的速度远远超过以前。随着这些新技术的发展和成熟——不但速度更快，而且影响更深远——我们将迎来另一场变革。

社交媒体爆炸 尽管会增加控制和隐私问题，但协作和信息共享也激发了新的价值创造模式。“社交”已经能够创造收入，并且从.com趋势向共享的平台和共享的业务模式演变。Groupon（团购公司）和个人对个人借贷（向个人借贷，而不经过金融中介）是团购和收入分享模式的例子，推动了共享经济的形成。

移动革命 移动性和小型化改变消费者体验的能力不断更新，例如更多地使用基于位置的服务提供全球定位系统（GPS）和有针对性的零售促销。采用移动钱包的全新支付生态系统将货币转变为数字形式。移动设备的小型化使其从手掌大小转变为可穿戴设备，包括运动追踪器（实现无线运动追踪）和SAMSUNG GALAXY设备（接收文本和电子邮件）。

分析 先进的分析可从大数据中提取更深入的商业智能和消费者洞察，生成描述性和预测性的信息。内部和外部数据源现在可以整合在一起，而且服务可以根据消费者数据而实现高度个性化，例如美国运通最近与Twitter结成合作伙伴。

云能力 云能力允许个人和企业以新的模式进行协作，并且有助于跨平台的数据分析。这些新互动方式的例子包括以订阅方式接入企业应用（例如 Adobe Cloud）、跨平台按需获得内容（例如 Netflix），以及无界限的计算（虚拟协作空间）。

对截然不同的未来的展望

上述技术和社会的变革使卓越客户体验的承诺得以兑现。随着行业的融合，包含多个组织、职能和行业的全新生态系统将随之出现，从而创造新的卓越体验。

价值链将分裂

价值链是企业为了创造并且向市场提供某些类型的产品或服务而执行的一系列活动。

新技术使得价值链更加透明，并且更容易分解（图 1.4）。过去，价值链的颠覆通常涉及整个价值链的更替，或者价值链绝大部分的更替，例如用基于互联网的虚拟银行取代传统银行业务流程。下一代价值链颠覆将涉及价值链中更多特定元素或功能的竞争。

企业将更多地认识到，独特竞争优势与特定功能相关，并将不断扩展在这些方面的能力。这些新的专业厂商将开始在自己和他人的市场就自己选择的功能展开更有力的竞争，例如出货物流提供商（如 Maersk 和 Li & Fung）。专业化将给企业带来更大的改进压力。如果能以更低的

资料来源：IBM 商业价值研究院分析。

图 1.4　随着专业厂商进入市场提供关键能力，价值链将如何分裂

成本获取更好的能力，企业自然愿意把越来越多的核心职能转交给专业厂商。

例如，Ritz-Carlton 认识到，公司真正的竞争优势是客户体验。Ritz-Carlton 领导中心现在为其他（非旅行）行业中的机构提供关于如何创造优秀客户体验的培训。一些著名的医院正在采用 Ritz-Carlton 的质量原则改善患者的医疗体验。[5] Chipmaker ARM 设计智能手机和平板电脑中使用的芯片。通过许可证和专利使用协议，ARM 将规模经济和设计创新带来的收益转让给了消费者。[6]

行业将融合

随着价值链中的特定功能互相竞争，新的竞争者也将出现。一个行业中在某项功能方面的专家将开始争夺其他行业价值链的某项特定功能。这种跨行业的蚕食已经开始推动行业融合（图 1.5）。

企业将开始寻求双重战略：持续关注主要行业中的核心业务，并且寻求其他行业中所选专业功能的增长机会。当围绕价值链中特别的、通用的功能的竞争不断加剧，专业化将推动行业融合。

先进的远程医疗是可以预见的一个例子。该技术可以使患者在任何地点获得高质量的医疗服务。通过电子行业的触觉（触毛）传感器技

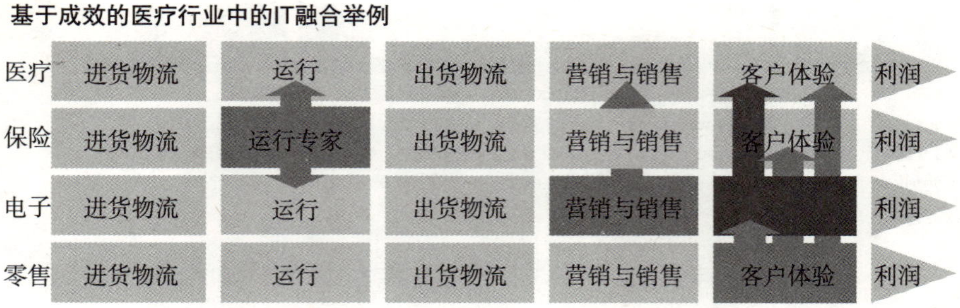

资料来源：IBM 商业价值研究院分析。

图 1.5　功能专业化导致行业融合的示例

术和电信行业的实时通信基础架构，患者可以跨越地理位置界限获取专业医疗知识。随着远程医疗市场的发展，来自其他行业的相关创新也会适时出现。

新生态系统将出现

生态系统指的是为创建并分配业务价值而构建的复杂的独立企业和关系网。

功能专业化、价值链分裂和行业融合将开始支持新的生态系统或价值网的形成（图 1.6）。生态系统一般跨越多个组织、功能和行业，为新型的无缝客户体验提供了基础，并且掩盖了功能的复杂性。

预计零售行业的未来是新生态系统的一个例子。多渠道零售体验会实时地适应特定消费者所处的环境。多个元素的组合创造了这种体验：迎宾服务作为满足所有需求的单一联系点；店内的帮助通过智能化移动自助服务而进一步增强；库存和产品交货全面整合；而移动支付可在实体和虚拟渠道中无缝实现。

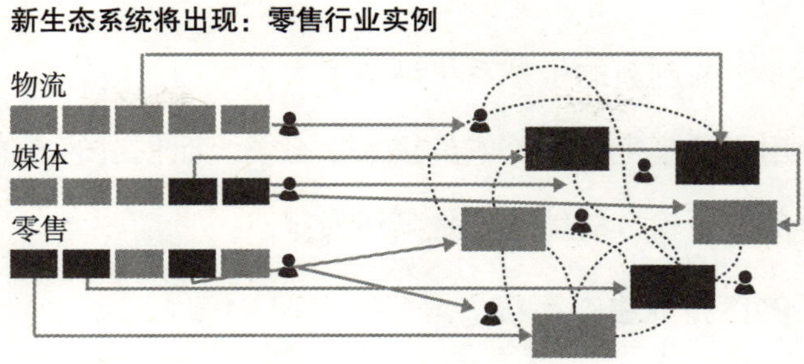

资料来源：IBM 商业价值研究院分析。

图 1.6　零售行业新生态系统形成示例

生态系统极具动态性，而且能够比单一或融合价值链提供更复杂的体验或活动。随着企业从参与传统价值链转变为参与生态系统，价值创造和分配的方式也会因之改变。

在传统价值链中，企业采用“成本加回报”的模式优化价值，即在价值链的每个阶段，企业都会优化价值的创造（图 1.7）。

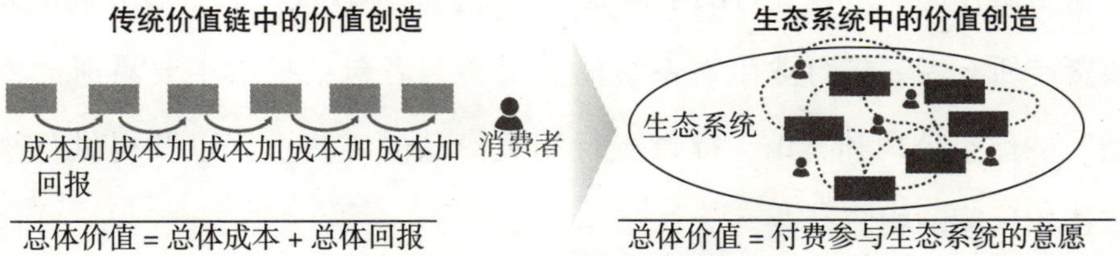

图 1.7　生态系统中的价值创造和分配方式与传统价值链环境不同（图 1.4）

总体价值反映了在价值链每一步中创造的价值总和。企业一般与价值链中上一个功能和下一个功能互动，但几乎不了解完整的市场情境。

但在生态系统中，企业通过参与到整个系统中而创造价值，其中，“价值”由参与者付费接入生态系统的意愿而定义。一旦接入，特定的交易就会在生态系统中发生。创造的总体价值反映了接入并且参与整个系统而产生的价值。

这为企业参与到新的生态系统创造了大量机会。生态系统需要建立某些机制，用于分享生态系统成员接入生态系统而创造的价值，无论是通过集中分配、更松散的编排还是其他安排。

构想新的旅行业生态系统

在传统旅行业价值链中，价值与特定旅行服务的销售挂钩，包括座位和房间预订、行李和其他服务费、行程协调和旅行后的服务。中介机构从整个系统产生的价值中获益——在价值链中提供特定的服务，例如从在线旅行代理和全球配送系统中提取预订费（图 1.8）。

在未来的旅行业生态系统中，价值与旅行者通过获得全面的旅行体验而理解的价值相挂钩，包括实际货物、服务、信息和协调。随着当前价值链中的每个成员的胃口不断增大，企业将认识到，消费者看重整个体验的净收益，而不仅仅是独立的旅行业务部件。在这个生态系统中，价值由协作完成服务交付的全体成员获得，而不仅仅是旅行服务提供商或资产所有者。旅行业生态系统的关键参与者包括提供主要易逝“商品”的航空公司和宾馆、提供旅行相关商品的零售业，以及提供行李拣选和运输的物流行业。

价格由消费者购买旅行体验的意愿决定——包含提供的个性化商品和服务。航空公司和宾馆已经是根据每个消费者细分的支付意愿对易逝资产进行定价的专家，例如房间和座位。但随着生态系统的出现和扩展，他们必须优化的变量也在增加。很快，价格的确定因素将取决于每个人是否愿意购买那些能够满足个人偏好的特定商品和易逝的服务。这种定价算法必须足够强大，它不仅要包含旅行领域中收集到的变量，而且要考虑零售、社交媒体和其他信息来源中的变量，因为这些变量有助于估计个人的支付意愿。

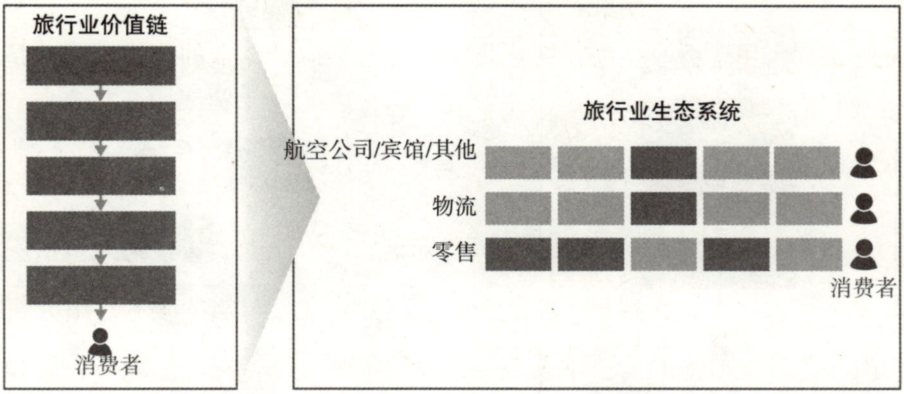

资料来源：2020 年的旅行业："经销困境"与"获利新途径"。IBM 商业价值研究院。

图 1.8　旅行业生态系统中的价值创造基于端到端旅行体验的提供

截然不同的汽车/移动生态系统

在传统的汽车业价值链中，价值主要与车辆挂钩，并由原始设备制造商（OEM）控制。额外的价值包含在附属产品和服务中，包括供应商、经销商网络、轮胎和汽车维护服务商、加油站、汽车配件商店、保险公司等（图 1.9）。价值的创造主要针对产品差异化和支持服务，包括升级选项，例如真皮内饰和遮阳帘，以及安全等级和品牌独有性。

在未来的汽车/移动生态系统中，价值将与消费者从整个移动体验和相关服务中获得的效用挂钩，而不是来自作为交通工具的汽车本身固有的价值。价值的创造反映了整个客户体验的质量，客户体验越好，创造的价值就越多。支持服务（例如卫星广播 SiriusXM）和远程服务（例如 OnStar）或者高速连接改善了行程的娱乐体验，并且为消费者提供了更大的便利性。由于体验创造了更大价值，消费者可能更愿意付费。价值也可能从汽车制造商和经销商转向移动生态系统协调商。

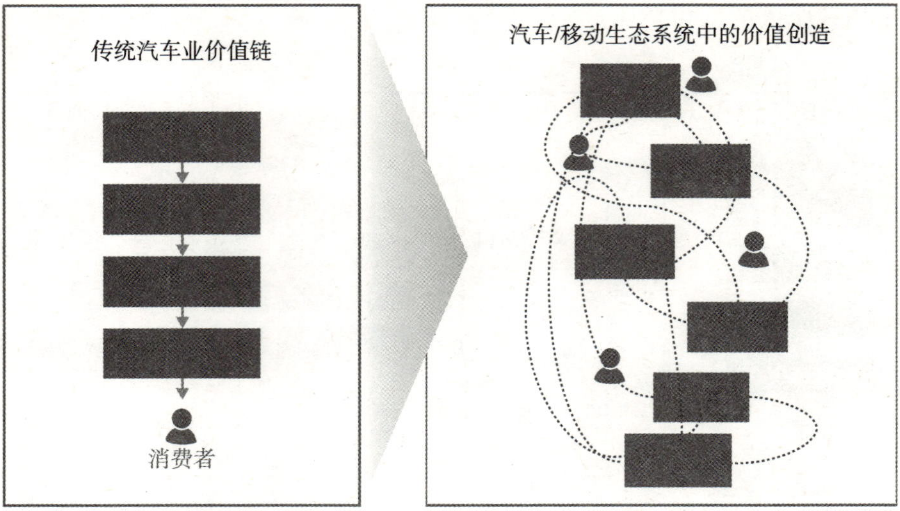

图 1.9　汽车/移动生态系统中的价值创造与从整个移动体验中获得的效用挂钩

E2E 经济的主要维度

随着以组织为中心的经济让位于以个人为中心的经济，翻天覆地的巨变席卷而来。社交媒体、移动技术、分析和云的成熟推动着从个人为中心向每个人对每个人（E2E）的经济转变。

E2E 的特征是消费者和企业在大量价值链活动中广泛互连和协作：共同设计、共同创建、共同生产、共同营销、共同经销和共同融资。在这个整合的系统中，消费者和企业共同创造价值，并通过透明性而增强信任和效率。从连接、互动、意识和智能四个关键维度可以看出三类经济模式的区别（图 1.10）。

连接：生态系统如何协调，推动力有哪些？

在组织驱动的经济中，对连接能力的最佳描述是不对称。信息仅在一个方向流动——从组织到消费者。传统保险业就是这样的例子，原因

数字化成熟度模型	以组织为中心	以个人为中心	每个人对每个人(E2E)
连接	**不对称** 信息不对称限制了协调性	**灵活** 供应链透明且自动化	**协调** 生态系统是协同且无缝的
互动	**偶然** 个人参与的一次性的互动	**整合** 个人/组织和数字/实体渠道链接在一起	**共生** 每个人和每件事都互相依赖
认知	**分段** 每个人不被了解，但是被假定	**定制** 每个人都被了解，并且是唯一的	**情境** 体验经过改善，并且与行动和需求相关
智能	**交易** 通过直接的关系被动学习	**响应** 以数据为支撑的学习和决策	**认知** 自助学习和预测能力

资料来源：IBM 商业价值研究院分析。

图 1.10　三种经济模式的“数字化成熟度”对比：以组织为中心、以个人为中心和 E2E。E2E 环境是协调、共生、基于情境且有认知能力的

之一是保险成本取决于未知的风险，从而使事情变得复杂；原因之二是人们对保险服务提供商运营的洞察能力有限，例如保险费如何确定，以及批准/索赔处理。

在以个人为中心的经济中，灵活连接非常普遍，这是透明且自动化的供应链所带来的结果。交通管理系统是互相连接的一个例子，其数字成熟度高于受组织驱动的场景。例如，Bitcarrier 实时交通管理信息系统，可以从无线网络连接中获取数据，而且实现了主动的交通管理，并且识别出行人的动作。[7]

服装零售商 Knot Standard 允许消费者通过网络摄像头或其他方法以数字方式（包括使用当地的裁缝店数据或者旧西服）传送尺寸数据，以订购定制的西服、衬衫和其他男士服装。公司保证在 20 天内交付“100%完美”的产品。[8]

将来，连接能力将在一个协同、整合的生态系统中变得更加协调。

例如，Kiva.org 是一家小额信贷非营利组织，在全球范围内提供小额无息贷款。通过 600000 多名放款人组成的在线社区，Kiva 从 2005 年开始已经向 60 个国家的数十万人发放了 2.5 亿美元贷款。由于在美国的贷款中，借款人不足 1%，公司在 2010 年与 Visa 合作推出一项计划，帮助墨西哥湾岸区的小型企业获得小额贷款。通过进一步扩展，Kiva 通过克林顿全球倡议建造了 Kiva City，旨在通过与公民领袖、社区机构、金融机构和领导人通力合作，为美国城市的小型企业服务。在底特律推出这项计划的 3 小时内，Kiva 筹集了超过 25000 美元，帮助五家当地新企业融资。该计划在新奥尔良推出后的 24 小时内，共筹集了 14 笔贷款，价值超过 125000 美元。[9]

互动：个人和组织之间深层关系是什么样?

在以组织为中心的经济中，互动是一种偶然行为，即个人参与一次性的交易。组织和消费者之间的互动仅在执行交易时发生。以产品为核心的零售商就是这样的一个例子，其特点是高周转率、低利润率和低价值交易。对于这样的零售商，目标是将实现数量的最大化作为优先任务，而不是发展长期的个人消费者关系。[10]

与此相反，在以个人为中心的经济中，互动是整合的，它将个人与组织链接在一起，而且将数字与实体渠道链接在一起。数字眼镜购买就是整合活动的一个例子，这项活动的数字化成熟度高于受组织推动的场景。零售商 Warby Parker 绕过实体店直接向消费者提供在线销售。在将实体产品数字化时，在线零售商关注低价格和便利性：消费者可以收到眼镜后在家里试戴，或者以虚拟方式试戴。[11]

未来的互动是共生，即几乎每个人和每件事都互相依存。企业电子系统就是这样的例子。电子电路好像“第二层皮肤”，它了解用户的认知状态，从而可以刺激组织的修复。未来的应用将进一步消除实体和数字的界限，并且不断扩展，将外部肢体控制、心灵感应和军事用途包含在内。[12]

认知：什么是市场洞察的深度，是否在客户体验中得以体现?

在组织推动的经济中，认知是孤立的，个人都不被了解，并且被假定。传统饮料营销证明了这种理念。饮料保持传统口味，同时有某些地区差异。制造商采用传统的人口统计特征和心理细分方法推销产品。[13]

但在以个人为中心的经济中，认知是定制的，每个人都被了解，并且是唯一的。零售业中的大规模定制就是认知的数字化程度比组织推动的环境中更为成熟的例子。例如，服装制造商 Jockey 开发了一种新的文胸，根据对女性的调查而采用了新的尺码体系，并提供了 55 种尺码组合。这些尺码组合为不合身的现有文胸提供了大规模定制选项。[14]

认知的未来将是基于情境的，即根据每个消费者的偏好、位置和时间点提供经过优化的相关体验。预计未来的零售体验就是这样的例子：零售商整合多个来源的数据，将位置、行为、服务、社交、虚拟化、履约和接入结合在一起，以创造“仅适合自己”的体验。事实上，零售体验的提供者比消费者自己更了解消费者。未来基于情境的体验甚至能够在需要时提供，而不需要时并不提供。[15]

智能：如何做出明智决策?

在受组织驱动的经济中，智能主要是指交易，这可导致通过直接关系而被动学习。传统电话技术展示了交易智能，因为提供商提供了可灵活组合的订阅和服务包，但并没有根据使用历史或者消费者关系的长度而进行区分。[16]

相反，以个人为中心的经济环境提供了响应智能，其特点是用数据支持学习和决策。能源优化系统是智能的数字化程度比受组织驱动的环境更为成熟的例子。Nest 这样的优化系统通过学习用户偏好和行为而提供智能的能源管理。[17]这些系统利用数据支持便利的产品使用和未来高能效服务的开发。[18]

将来，智能将具有认知能力，采用概率方法实现基于计算机的决策。这样的例子如：在医药领域采用 IBM Watson 的人工智能。Watson 很快将利用认知能力和消化吸收的医学文件，并且持续从错误中总结经验而帮助诊断健康状况。最近的测试表明，Watson 成功诊断肺癌的比例高达 90%，而真人医生的诊断成功率仅为 50%。[19]

E2E 经济的指导原则

消费者对无缝、互连体验的更高期望和组织之间更多的协作是 E2E 经济的特征。为了在复杂的环境中找到方向，请考虑以下指导原则：

- 企业必须能够通过适当的合作关系来提供最优秀的体验。客户体验来自不同提供商的服务，而且要求企业共同满足要求。向客户提供的价值不会集中于一家企业，而是由多家机构提供。要想在 E2E 市场中取得成功，吸引、集合、管理并留住适当组织合作伙伴的能力将是一个竞争优势。生态系统需要信任和成熟度——开放的沟通渠道和共同的敏捷性是关键所在。

- 情境和预测分析对数据的需求永不知足。客户体验需要基于情境并通过数据洞察而了解用户及其需求。以有创意且创新的方式整合交易、行为和情境数据是为客户创造价值的前提条件。企业必须能够获取、分析数据并进行建模，从而提取有深远意义的洞察，并采取相应行动，同时将这些洞察提供给合作伙伴。信息共享和持续的流程改进都需要成为“例行程序”，从而提高合作伙伴网络内部以及网络之间的运营效率。

• 开放标准并不意味着知识产权的结束——成功的企业将保护最擅长的业务，并开放其他部分。在专业化时代，必须在保护关键知识资本的要求与整合到动态且灵活的生态系统中的要求之间寻求平衡。在强大而强制性的知识产权情境中，机密将渐渐被开放性所取代。

新的数字变革框架

超越传统的数字化转型定义的新的创新层次已经出现。企业应继续追随以个人为中心的理念，同时应认识到，这只是将来实现彻底的数字化变革的第一步。

E2E 经济要求市场、战略和价值观的彻底变革。随着向 E2E 的转变，过去的数字化转型框架正被新的数字化变革框架取代（图 1.11），新框架的特征包括：协调的连接能力、共生的互动、情境意识和认知智能。

协调、 共生、 基于情境和认知

成功的企业需要以开放姿态迎接未来的挑战，并且重新思考其业务的所有方面。最重要的是，它们必须决定关注哪些方面。未来将与现在截然不同。

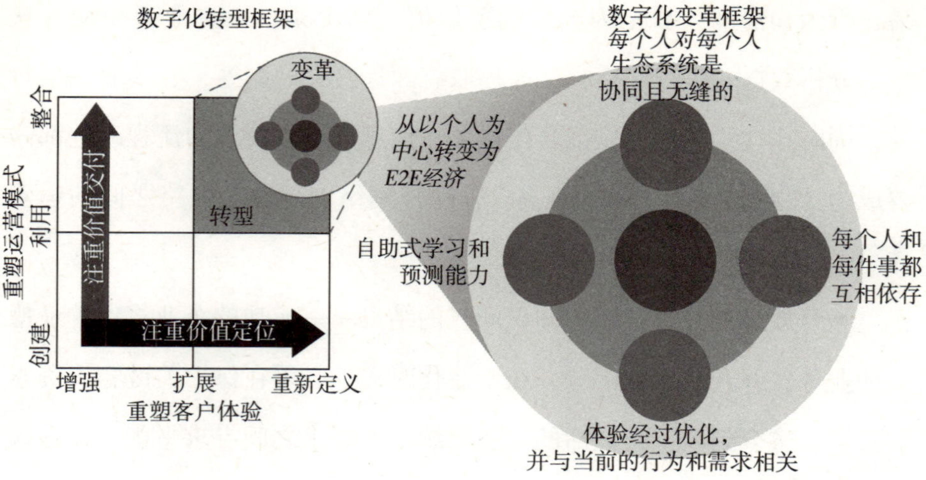

资料来源：2011 年 IBM 数字化转型调研和 2013 年 IBM 商业价值研究院分析。

图 1.11　新的数字化变革框架支持 E2E 经济

重新思考企业如何与消费者及市场互动。不要受当前的可能性（由于现有的 IT 或其他能力）的限制。在定义了卓越的体验之后，您应确定将体验转变成价值的机会及其对技术/组织的要求。制订业务案例，并且做出相应的投资决策。

接下来确定关注哪些方面。将来，企业将比现在更加专业。了解自己最擅长的方面非常关键。以高度谨慎、公平的态度了解自己在哪些方面做得好，以及他人在哪些方面做得更好。确定将注意力集中于能够真正区别竞争对手的活动。向这些活动投资，建立并且保持优秀地位。将大多数或全部其他职能外包给最优秀的服务提供商。注重那些能给您带来差异化的活动。

确定未来方向的另一个方面是建立并整合新能力。开展业务需要的技能和能力在不断变化，未来成功所需的能力并不一定是过去成功所依赖的。以客观的态度看待目前的技能/能力和未来的需要，并且积极地重新培养或者招募这方面的人才。思考新的投资模式、指标和激励措施，并且开始建立一个为未来而设计的组织。

第一步：对未来的影响保持开放姿态

增强洞察力 对许多企业来说，洞察市场或竞争态势的目的是跟上新技术的发展步伐，例如社交媒体和大数据。然而，为了解消费者态度和行为的变化，了解不同行业可能的业务模式和新技术的意义，洞察都将扮演更重要的角色。您需要增强洞察力，以培养社交分析和场景构想的能力。建立更好的流程，以确定供应链或者合作伙伴网络中微弱但可能有重要影响的信号，并且将这些结合到 IT 和业务运作中。

拥抱数字原生代 管理人员需要以不同的眼光了解其业务。市场不可能以原来的方式逐步演变。企业更容易受到来自行业内部及外部的颠覆力量的影响。千禧一代和其他数字原生代更有可能预测到新技术和新体验的强大能力。企业需要建立业务流程，将来自千禧一代的洞察直接传达给高管和其他人员。

内化消费者的影响力 在大多数企业中，消费者的影响力有可能渗透到销售组织和 CMO 层级。这种渗透不可避免地带来变化。您需要邀请消费者参与到创意、项目评估和开发过程中，以及基本业务战略的制定过程中。建立流程，使消费者能够在关键业务决策中真正发表意见。提高决策的渗透能力，并且将关键举措视为消费者协作机会。

第二步：与新的生态系统和合作伙伴保持联系

生态系统参数概念化 将来，企业要在融合产品、服务和行业的生态系统中运作。如果仅关注单一产品或交易，企业会无法掌控全局。您需要在新生态系统出现时全面了解它。确定并评估新的价值来源，并确定企业所处位置和可能扮演的角色。制定识别新机遇的机制，并培训您的人员，使他们能够预测对业务的紧迫威胁。

建立系统的连接能力 应用编程接口（API，是构建软件应用的一组协议）和云计算是连接企业和个人构成的生态系统的要素。API 和云的影响远不止在 IT 部门。如果处理得当，API 和云可激发动态的新业务模式、消费者的互动和组织灵活性。为了未来的战略定位，企业需要将技术战略与业务战略相结合。激励 IT 与业务部门相互合作。运用新技术探测可能性，保持技术和运营的灵活性以预测意外之变。

建立生态系统合作伙伴 将来，最成功的企业可能是那些以正确的方式与正确的企业或人员合作的企业。没有任何一家企业能够独自完成新生态系统所要求的全部工作。但是，与任何人合作都会带来风险和困扰。成功的企业了解自身的能力，以及如何与生态系统合作伙伴共同实现协同优势。企业需要寻找能够帮助提高目标和确定如何合作的伙伴。优先开展难以复制的事情。与世界一流的企业合作，即使它们的规模较小。无论非正式的还是基于合约，明确地协调各项目标。

第三步：向整个企业的数字移动化投资

指定数字火炬手 在 E2E 经济中取得成功需要从根本上重新思考市场、消费者、产品和服务。有些业务单位和员工可能需要努力了解新的要求和变化。您需要指定特定的人员作为数字火炬手。在高管人员需要接受新指令的情况下，企业需考虑任命一位首席数字官。授权这些人员对业务战略施加影响，并教育其他高管。向他们授予真正的权限，包括批准新项目和其他投资时的发言权。

保证职能/业务单位的认可 职能或业务单位可能变得孤立并且各

自为政，而无法了解整体战略目标。IT 部门和业务单位之间的互动通常会受到制约。业务部门抱怨 IT 部门不了解消费者的要求；IT 部门抱怨业务部门不了解技术可行性。然而，数字变革要求 IT 和业务部门通力协作。企业需要建立更密切的工作关系。共存、跨职能部门的职责分配和综合的规划方法是可能需要采取的举措。

追求持续创新和尝试 向以消费者为中心的理念投资仍然有必要，并且会带来满意的效果。成功的企业目前都在重新思考客户要求，并且建立有吸引力的客户体验。但是，企业在向以消费者为中心的理念投资时，需要敏锐地了解未来将会出现什么。随着新技术的成熟和企业的逐渐适应，经济将开始从以个人为中心向 E2E 模式转变。企业必须思考如何转变：持续地识别机会，构想业务模式并且建立新的生态系统。不断尝试，并在成功后将试验结果运用到业务中。

改造的关键步骤：1. 对外部影响持开放姿态；2. 与新生态系统和合作伙伴保持联系；3. 向整个企业的数字移动化投资。

开始改造：提出适当的问题

企业必须对面临的挑战保持好奇和开放的姿态。以下问题可提供帮助：

您一直在满足消费者的哪些基本需求？哪些新体验可满足这些需求？

您如何确定自己的核心优势？如何为实现真正的差异化而增加

投入？

您如何确定潜在的新价值来源，而您应参与到新生态系统的哪个方面？

您如何客观地评估当前的技能水平和能力？如何获得新技能来弥补差距？

您的企业目前有哪种数字火炬手？如何将他们的影响力融合到战略和教育活动中？

通过数字化变革抓住未来机遇

在新世纪到来之前的许多年中，新技术已经显示出其强大的影响力。如今，我们都已体验到社交媒体、移动、云和其他技术正在以加速的步伐对业务转型产生影响。数字化颠覆已经开始：它标志着新的技术和经济模式的开始，这要求您创新思考市场、战略以及价值本身。

企业必须从头开始进行变革，这样才能保持竞争力。一方面，快速数字化正在为企业获得影响力并实现创新送上新价值和新机遇；另一方面，既定规范也面临着风险，原因是传统行业定义逐渐模糊，而且新生态系统已经形成。为了应对截然不同的未来，希望在数字颠覆时代兴旺发展的企业应持续重新定义战略，包括如何以开放姿态接受外部影响，与新生态系统和合作伙伴保持联系，以及如何推动整个企业的数字移动化。

附件：方法论

在 2013 年 IBM 数字化变革调研中，我们采访了 15 个国家中大约 1100 位业务和政府主管以及 5000 名消费者（下图，由于数据计算的四舍五入，汇总结果并不必定是 100%）。而且还调查了 30 位著名的未来主义者。

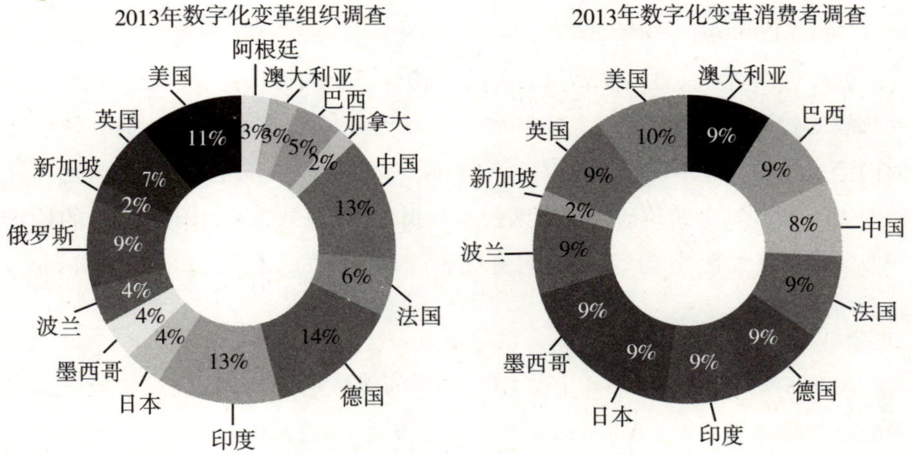

各国的受访者

在本次高管调研的受访者中，42%是 C 级高管，其中首席执行官占 10%。超过四分之三的消费者调研对象是在校大学生，其中 68%的年龄为 25~54 岁。

作者

Saul J. Berman 博士 IBM 全球企业咨询服务部的合伙人和副总裁，战略与转型部门的全球服务区域领导人。他与全球各地的著名公司密切合作，共同处理战略性业务问题。他拥有超过 25 年的咨询经验，为大型企业和新兴企业的高级管理层提供建议。Saul 已发表多部著作和作品，包括《并非免费：新世界的收入战略》和 IBM 商业价值研究院执行报告《超越数字化：创造媒体与娱乐行业的未来》和《云的力量：推动业务模式创新》。他的联系方式是：saul. berman@ us. ibm. com

Nadia Leonelli IBM 战略与转型能力中心的成员，这个全球整合团队由高级战略创新者和主题专家组成，致力于为全球品牌提供营销、数字和产品开发挑战的建议。她在管理、创业和咨询领域拥有超过 15 年经验，核心领域是面向消费者的行业中的企业战略、营销和产品开发。Nadia 在 2011 年与他人合作发表了 IBM 商业价值研究院的两份执行报告：《超越内容》和《未来的内容产业》，探讨了数字内容市场对业务的影响。她的联系方式是：nleonelli @ us. ibm. com

Anthony Marshall IBM 全球 CEO 调研的项目主管，IBM 商业价值研究院的战略与转型领导人。Anthony 在咨询与分析领域拥有 20 年经验，曾与多家全球 1200 强企业合作。他是 IBM 战略与转型金融服务部的高级管理顾问，并拥有深入的公共领域经验，尤其是在私有化和解除管制方面。他目前发表的作品主要是在创新、数字化战略、技术驱动的业务模式、生态系统和合作关系领域。他的联系方式是：anthony2@ us. ibm. com

合作者

Paul Papas，全球领导人，数字前端办公室，IBM 互动与智慧的商务，IBM 全球企业咨询服务部

Peter Korsten，全球领导人，思想领导力和创新，IBM 全球企业咨询服务部

Eric Lesser，研究总监和北美领导人，IBM 商业价值研究院，IBM 全球企业咨询服务部

Jennifer Kim，战略顾问，IBM 全球企业咨询服务部

Rachna Handa，管理顾问，IBM 商业价值研究院，IBM 全球企业咨询服务部

Joni McDonald，思想领导力的内容战略家，IBM 销售与经销

Artour Parmakian，用户体验总结，IBM 互动

Geoffrey Hamelin，全球业务顾问，战略与转型，IBM 全球企业咨询服务部

Steven Davidson，全球领导人，GMU 战略与转型，IBM 全球企业咨询服务部

Martin Harmer，副总裁兼高级项目主管，IBM 全球企业咨询服务部

Steve Peterson，旅行与交通业领导人，IBM 商业价值研究院，IBM 全球企业咨询服务部

Benjamin Stanley，汽车业领导人，IBM 商业价值研究院，IBM 全球企业咨询服务部

致谢

我们还要感谢 Linda Ban、Kali Klena、Steve Ballou、Kathleen Martin、Henry Inman、John Calkins、Robert Murray、Alex Giammarco、Raghav Virmani、Corey Leong、Rebecca Shockley、Heather Fraser.

相关文献

“客户主导企业合作铺就未来：来自全球最高管理层调研的洞察”。IBM 公司。2013 年 10 月。http：//www-935. ibm. com/services/us/en/c-suite/ csuitestudy2013/

“把握互联经济，引领智慧成长：来自全球 CEO 调研的深入洞察”。IBM 公司。2012 年 5 月。http：//www - 935. ibm. com/services/us/en/c - suite/ceostudy2012/

Berman，Saul J. 和 Ragna Bell。“数字化转型：创建数字与实体融合的全新业务模式”。IBM 商业价值研究院。2011 年 4 月。http：//www - 935. ibm. com/services/us/gbs/thoughtleadership/ibv-digital-transformation. html

参考资料

1 "The Customer-activated Enterprise: Insights from the Global C-suite Study." IBM Corporation. October 2013. http://www-935.ibm.com/services/us/en/c-suite/csuitestudy2013/

2 Ibid.

3 Ibid.

4 Berman, Saul J. and Ragna Bell. "Digital transformation: Creating new business models where digital meets physical." IBM Institute for Business Value. April 2011. http://www-935.ibm.com/services/us/gbs/thoughtleadership/ibv-digital-transformation.html.

5 The Ritz-Carlton Leadership Center. http://corporate.ritzcarlton.com/en/LeadershipCenter/. Accessed on December 2, 2013.

6 ARM: Growth Champions. Growth Champions, "ARM." http://growthchampions.org/growth-champions/arm-2/. Accessed on November 9, 2013.

7 IBM Institute for Business Value analysis informed by existing home energy and security management solutions.

8 Knot Standard. "Use your webcam." http://www.knotstandard.com/use-your-webcam/. Accessed on November 7, 2013.

9 Schwartz, Ariel. "Kiva City: Using microloans to revitalize small businesses in struggling American cities." Fast Company. September 8, 2011. http://www.fastcoexist.com/1678497/kiva-city-using-microloans-to-revitalize-small-businesses-in-struggling-american-cities; Kiva press release. "Kiva celebrates six years of online micro lending, honors its one million-strong community." October 19, 2011. http://www.reuters.com/article/2011/10/19/idUS179849+19-Oct-2011+MW20111019.

10 "Revenue models: Low-value transactions." MaRS. http://www.marsdd.com/articles/revenue-models-low-value-transactions/. Accessed on November 1, 2013. Hurlburt, Ted. "A Tale of Two Business Models." 2013. http://www.businessknowhow.com/money/retail-model.htm. Accessed on November 1, 2013.

11 O'Toole, Mike. "Warby Parker, One Million Eyeglasses, And The Next Gener-

ation Of Brands." Forbes. CMO Network. July 22, 2013. http://www.forbes.com/sites/mikeotoole/2013/07/22/warby-parker-one-million-eyeglasses-and-the-next-generation-of-brands/. Accessed on November 1, 2013.

12 "Stick-On Tattoos Go Electric." National Science Foundation. August 11, 2011. http://www.nsf.gov/news/news_summ.jsp?cntn_id=121343. Accessed on November 1, 2013.

13 Wind, Jerry and David Bell. "Market Segmentation." The Marketing Book. October 3, 2007. http://marketing.wharton.upenn.edu/files/?whdmsaction=public:main.file&fileID=566. Accessed on November 1, 2013.

14 Clifford, Stephanie. "A New Step in Wrestling with the Bra." The New York Times. Business. May 30, 2013. http://www.nytimes.com/2013/05/31/business/a-new-step-in-wrestling-with-the-bra.html. Accessed on November 1, 2013.

15 "From Transactions to Relationships, Winning over the empowered Consumer." IBM Corporation. January 8, 2013. http://www-935.ibm.com/services/us/gbs/thoughtleadership/transitioningshopper/; "Analytics: The real-world use of big data in retail." August 8, 2013. http://www-935.ibm.com/services/us/gbs/thoughtleadership/big-data-retail/

16 "The End of the Line." The Economist. Special Report. October 12, 2006. http://www.economist.com/node/7995301. Accessed on November 1, 2013.

17 Nest. http://www.nest.com; Henry, Alan. "What Can a Smart Thermostat Do that Mine Can't Already Do?" August 15, 2013. http://lifehacker.com/what-can-a-smart-thermostat-do-that-mine-can-t-already-472975733. Accessed on November 1, 2013.

18 Ibid.

19 Steadman, Ian. "IBM's Watson is better at diagnosing cancer than human doctors." Wired. Technology. February 11, 2013. http://www.wired.co.uk/news/archive/2013-02/11/ibm-watson-medical-doctor. Accessed on November 1, 2013.

第 2 章

集体智慧

——发挥集体的力量

文 / Eric Lesser，David Ransom，Rawn Shah，Bob Pulver

序言

我们生活在一个日益社会化的世界中，技术的进步不断改变着我们购物、工作以及与他人联系的方式。不断扩展和重叠的社交网络使个人能够在全球范围内表达意见，与更多人分享经验，并且影响决策过程。在未深入了解员工、客户和合作伙伴的情况下，企业能否发展壮大？

对许多企业来说，答案是否定的。在创新周期不断缩短、客户期望值日益提高和人才分布更广泛的全球环境中，企业需要更有效地利用每个人的知识和经验，无论他们的职业、关系或在企业内的地位如何。当一个企业渴望成为“社交企业”，了解市场的想法和意见变得更加关键。

可喜的是，更有效地利用集体智慧——不同群组的知识、洞察和专业能力的汇总——的机会越来越多了。随着人员更加擅长和适应在虚拟空间中分享思想和想法，企业可以使用这些洞察应对关键的业务挑战。利用集体智慧可以激发新想法、解决旧有的问题、以创新的方式进行工作的分工与分配、对未来做出更明智的决策。

通过我们的研究、广泛的客户经验以及与大量探索集体智慧技能的学术机构、供应商和企业的深层对话，我们确定了对企业具有指导作用的三个领域：

1. 集体智慧可以增强业务绩效。通过帮助企业获得未利用的知识及其所在网络中的经验，集体智慧可以：

- 发现和分享新想法；
- 增强技能并分配工作负载；
- 提高预测效率（图 2.1）。

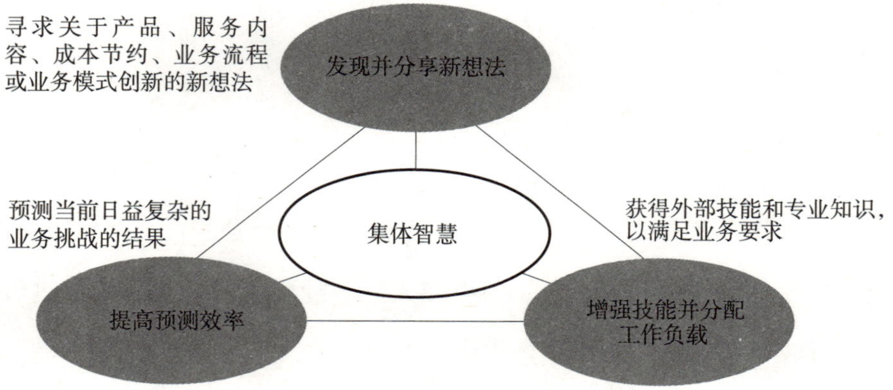

资料来源：IBM 商业价值研究院。

图 2.1　集体智慧的理念旨在将知识和经验应用于最需要的地方，从而应对当前的业务挑战

2. 集体智慧举措成功的核心是确定并激发正确的参与者的能力，需考虑以下需求：

- 知识——了解待解决问题的背景；
- 多样性——充足的经验带来多种视角和观点；
- 颠覆——愿意挑战当前的思维。

3. 主要调查结果指出，成功的集体智慧举措需要：

- 消除抵制来源，包括运营挑战、与现有章程的冲突、控制权丧失、不断变化的角色和职责；

- 从技术和文化角度将集体智慧整合到工作环境中；
- 就所发现的采取行动，向企业和个人传达价值与成果。

应用集体智慧

集体智慧可用于实现许多业务目标，从而：

- 确定您的企业实现差异化或者服务新市场的新机遇；
- 获得外部技能和专业知识，以满足业务要求；
- 预测当前日益复杂的业务挑战的结果。

发现并分享新想法

集体智慧方法为寻求关于产品、服务内容、成本节约、业务流程创新或新业务模式的新想法提供了一个极具吸引力的框架。获取这些洞察力的传统方法（例如核心小组、调查、产品反馈论坛或意见箱）往往需要耗费大量资源和时间，而且缺乏足够的对象来创建最佳解决方案。此外，它们很少要求参与者加入到分享和共同创建流程中，通常无法提供反馈，也难以将个人的贡献与业务成果联系起来。

通过使用大量新兴的和现有的方法，企业可以使用员工、客户、业务伙伴、消费者、外部专家等人员组成的网络：

- 识别新的具有颠覆性的想法；
- 为改进业务流程和提高效率提供方法；
- 基于最终用户和客户反馈开发产品以增强产品特性；
- 使用共同创建的方式深化客户的参与度，并强化品牌忠诚度。

这些方法包括：

竞赛与挑战 这种方法将机会或问题的表述呈现给一群人，由他们提供一种最佳的解决方案。参与者或小组同时提交他们的想法或者问题解决办法，由发起挑战的组织评判。在某些情况下，参与者对提交的结果进行评比和打分。成功的竞赛和挑战要求精心确定问题，将业务挑战划分为明确表达的组成部分，让参与者进行解决。举例来说，通过使用这种方法，《经济学人》（见参考资料）获得了大量的专业知识——通常是在其核心能力之外的知识——能够发现棘手问题的独特解决方案。

《经济学人》通过以新方式要求读者（和其他人）加入挑战而获得新奇的媒体想法

《经济学人》杂志希望其全球读者和参与者以新的方式加入到“Ideas Economy”会议系列中。为了做到这一点，杂志社与在线众包公司 InnoCentive 合作，帮助发起了一场挑战赛，《经济学人》读者和 InnoCentive 社区的成员可以确定当前问题的创新解决方案。

通过其“Ideas Economy”网站，以及实时的在线会议，《经济学人》和 InnoCentive 的联合小组围绕多样化的关键议题设置了重重关卡，以便激发参与者的讨论，产生新的想法，例如医疗信息话题以及气候变化的生物解决方案。

挑战赛获胜者可以获得现金奖励，并且在实况活动中接受采访，最终制成视频和其他宣传品。挑战赛为《经济学人》提供了重要的媒体机会和内容，并且为获胜者创造了新的商机，包括媒体发布以及向潜在投资人介绍他们的想法。[1]

“质量和数量都非常惊人。在截止到目前的每次活动中，我们都会收到高质量的应答。人们认真地看待 InnoCentive 的流程，并且做出相应的回答。”

——Justin Hendrix，副总裁，业务开发与创新，《经济学人》

协同设计市场 通过使用 Web 界面，参与者可以查看商品的基本图片，例如 T 恤衫、钱包或汽车，并且使用颜色、图式和附件进行定制，以创造出大量的原创设计。然后，这些设计可以供他人点评、打分和评比，以确定出最受欢迎的和在市场上最有可能成功的设计。通过使用这种方法，Coach（见参考资料）等企业可以将大量有创意的人员（通常是企业外部人员）召集在一起，让他们在设计过程中发表意见。

有些企业，例如 T 恤衫制造公司 Threadless，将这种概念用在协同设计市场上，并且使其成为整个业务模式的核心。来自 Threadless 社区的 150 万名参与者提交设计，并且投票表决应印刷出哪种设计。通过利用社区的能量和创造性，Threadless 能够识别出早期趋势和销售机遇，并且获得市场保障，因为该社区中也包含很大比例的客户。[2]

案例 Coach 重新定义在线核心小组

产生新想法的另一种方式是提供可装配成新产品的预先设计的模板或组件。服装设计公司 Coach 希望赢得年轻的新客户的青睐，因此，公司采用这种方法推出了在线比赛，允许参与者创造自己的 Coach 手提袋设计。平台提供了简单的工具，参与者可以使用这些工具设计手提袋的款式、图形和颜色。公司还鼓励其他客户对这些设计进行评分和评论。

奖励根据设计的受欢迎程度而定，包括小礼品卡、Coach 零售店的聚会入场券、价值 2500 美元的购物券以及 500 美元的现金/奖金。公司在不到 6 个星期内收到了 3200 份设计。投入使用的设计使公司提高了销售额，并增强了客户满意度。[3]

虚拟创意和对话 在这个过程中，人员聚集到一个虚拟环境中，讨论并分享对于特定主题的看法。想法可由领导层、参与人员或者企业内的社区提出。在讨论中（可以持续进行，或者在特定的时间段内进行），参与者能够提议、评论、优化各种想法，并且最终进行评估和排行。在使用分析方法汇总这些排行后，企业可以更轻松地确定常见的议题，确定未来投资的优先级。例如，Citi's Global Transaction Services（见参考资料）发现这种方法不仅对于寻求想法和意见很有用，而且可在更广泛的员工群体中提高联络和参与意识。

案例 Citi 发起全球讨论

将人员召集在虚拟讨论环境中的协同在线活动通常可提供富有洞察力的信息。通过让员工、合作伙伴或客户分享想法、互相交流、参与投票、加入有人主持的讨论，企业能够发现不同业务单位、企业层面以及后台的许多想法。

Citi 的全球交易服务部门就拥有这方面的经验。该部门希望获得企业内以及全球范围内员工的专业知识，用于验证其业务战略，并确定改善客户服务和实现业务增长的进一步机会。Citi 开展了一项协同方式的活动，即 Jam，96 个国家中的 2 万多人均可参加。来自88个国家的超过6000名员工注册了这次长达55小时的活动。参与者进行对话的时间平均为4小时。在活动之后，组织者使用分析技术将讨论的不同部分结合在一起，并挖掘了参与者的评论，以供获得进一步的洞察力。

据全球特许计划（Global Franchise Initiatives）管理总监 Mei-Li Tan 表示，Jam 不仅获得了企业内各级员工的集体智慧，用于验证未来的方向和战略，而且增强了员工的参与意识，因为他们表达了自己的想法，而且这些想法被整合到业务行动计划和举措中。

"Jam"还帮助我们的员工扩展了联系网络，提高了跨时区协作能力，并且改善了具有共同目标的组织结构。他们非常重视这次机会，希望能够与高级管理层进行坦诚的交流，并影响我们未来的决策。

——Mei-Li Tan，Citi Group，全球特许计划管理总监

实践社区 社区将具有共同兴趣、技艺或职业的人员召集在一起，共同开发和分享知识、最佳实践和新想法。这些社区通常使用协同平台形成社交网络，促进开放式对话，并且实现虚拟沟通。人们经由社区聚集在一起，虽然服务于不同地区和组织单位，但他们当中却滋生一种彼此联络、情境同在的感受。尽管很多企业应用社区原则的年限不短，但直到最近，我们才看到 El Paso Exploration & Production（见参考资料）等企业正在将社区知识整合到公司日常运营中，以改善业务流程和成果。

案例　El Paso Exploration & Production 将技术专家联系在一起，共同分享知识，培养技能

El Paso Exploration & Production（E&P）公司是天然气和相关产品的领先供应商。公司在其员工中应用了社区实践的概念。在2009年之前，公司建立了运营业务部，其中每个业务部有自己独立的报告体系。

2009年，公司经历了旨在增强技术交流并且使员工对其工作更加负责的转型。最终的变革消除了技术孤岛，并围绕具体的优先级重组了业务领域。在转型过程中，专注于指定技术学科的员工开始跨企业内的不同团队报告工作。然而，El Paso E&P 高管担心这种新的报告结构将损害知识流程以及每个技术学科内的专业能力匹配度。

公司以实践社区为中心推出了有力的知识管理计划。卓越网络围绕公司的每个学科而创建（例如地球科学、钻探、土地使用和公用设施），提供了一个环境，使专业技术人员能够共同解决问题，制订技术标准，并且识别和分享最佳实践。

尽管主要关注总部内的面对面社区活动，但为了利用现场或者地区办公室的专业知识，El Paso E&P 实施了协同工具，使员工能够跨运作部门交流和分享最佳经验与知识。这个平台包含员工档案、技能/专业知识数据库、位置地图、案例研究和其他有关信息。

由于实施这些实践社区，El Paso E&P 在第一年通过分享关于如何降低直接成本、缩短周期时间或者提高生产力的知识和经验，从而节约了120亿美元的资金。此外，卓越网络增强了员工技能评估和容量计划能力。[4]

增强技能并分配工作负载

集体智慧不仅允许企业收集来自大量人员的想法和意见，而且可以利用分布于各地的人才或人才市场来实现这些想法。通过分解工作，任务可以被分配给具有最大相应能力的人员，包括企业内部或外部的人员，从而提高完成质量。各种活动可以同步完成，缩短了工作时间。公司用来向人员分配工作的技术包括：

并行任务处理　这种方法用于将复杂的问题分解成更小或类似的任务，使人员能够同时执行这些任务。这些包括为大量未存入目录的数码照片贴标签（见参考资料）和编写软件代码。并行任务处理平台（例如 Amazon 的 Mechanical Turk 和 d TopCoder）可以提供筛选某些技能或专业知识的能力，并能够追踪个人完成的任务的表现情况。这样，企业可以快速完成任务，在完成质量相近的前提下，成本却大大降低了。

案例　使用集体的力量标记无标签的数码照片库

照片圈人领域的新企业 Tagasauris 和照片合作社 Magnum Photos 最近推出了一个测试版应用，用于完成紧迫的任务，例如识别无描述或标识符的 Magnum 库中的照片内容和相关主题。[5]

目前，在线照片库中 50 万张照片的近一半属于这个类别。Magnum 让近 35 万 Twitter 跟随者帮助完成这一任务。在有新照片可供评论时，参与者会收到一个通知，可以访问应用，并且标记和引用照片的内容。一旦标记得到多个参与者的同意，照片即被认为已标记，并且要经过一个质量保证流程，之后被添加到可在线搜索的存储库中。

参与者获得的好处是能够看到少数人可观看的照片。Magnum 也采用其他奖励方式，例如专属的贺卡，或者由他们指定的照片拍摄者签名的日历。

分布式提问与回答（Q&A） 这种方法涉及在一个虚拟论坛上发布或分发问题，以供一个或多个人回答。参与者可以评论并且提供改进答案的建议，然后由提问人或者其他参与者评分。IBM（见参考资料）等企业已经发现，通过分发 Q&A 的工作负载，它们可以降低支持成本，缩短对运营请求或常见问题的响应时间，然后以在可轻松搜索的存储库中获取这些 Q&A 对话，从而实现社会化学习。

案例 IBM 员工通过互相回答问题，更快、更准确地完成工作

十余年来，IBM 为员工提供了一个自助服务形式的技术支持门户“帮助台”，供他们寻找常见的技术问题的答案。然而，IBM 帮助台希望在持续提高其知识库的准确度的同时，进一步降低成本。

所有进入在线帮助区域的员工现在都可以查看答案，通过评论内容和提出修改建议而提高准确度。尽管变化速度放缓，但如果任何人发现了一个尚未回答的问题、错误或缺失信息的新解决方案，他都可以简单地编辑条目，并添加必要的信息。这个分布式 Q&A 系统提高了解决常见 IT 问题的质量，并且降低了帮助台的工作量。[6]

严肃游戏　在线模拟游戏环境使参与的个体或者团队能够利用他们的知识和问题解决技能，为复杂业务问题提出解决方案。这种方法借用了游戏机制的丰富经验，包括技能水平的实现、特定目标和任务、以小组方式解决问题。通过输入现实世界的信息（例如实时供应链数据），观察游戏模拟过程中的行为和结果，企业可以调整实际的流程，并看到切实的成效。华盛顿大学等机构已经在使用这类游戏方式应对复杂的挑战（见参考资料）。

案例　公民科学家游戏玩家在三星期内解决了几十年的问题

在线游戏技术使华盛顿大学的科学家能够应对日益复杂的生物医学研究问题。[7]在多次尝试解析与逆转录酶病毒相关的酶的晶体结构失败后，科学家开发了一款称为“Foldit”的蛋白质折叠游戏，希望公民科学家帮助得出蛋白质的准确模型。在“Foldit”中，任何人都可以学习简单的折叠技术，并处理虚拟分子。

来自许多地方并具有多种教育背景的 5.7 万多人参与了游戏。在 3 星期内，游戏参与者解决了困扰科学家多年的难题，提供了对新型逆转录酶病毒药物开发的重要洞察。[7]

提高预测效率

除了开发现有的想法和知识之外，集体智慧还可用于预测未来事件的结果。汇总前端员工、合作伙伴和客户的不同观点、知识和洞察提供了了解未来的窗口，使企业能够做出基于证据的更明智的决策，作为对传统预测方法的补充。

预测市场 集体智慧可以用于提高预测效率，并且在传统方法不完整或不充分时预测结果。参与者获得虚拟代币或现金，用于投资（或者撤资）未来事件或者结果，例如特定产品未来成功概率、项目里程碑日期，甚至政治或立法结果。企业将代币数量或市场价格解释为预测概率。

通过采用分析方法，参与者根据相对于他人的预测准确度以及与实际结果的匹配程度而获得奖励。奖励通常包括非现金奖励和积分榜，其中排名最靠前的“预测者”因其预测准确度而获得奖励。

通过使用预测市场，Google、Arcelor-Mittal 和 Best Buy 等企业估计了未来销售量、基本材料供应、店铺数量和产品成功度等多种结果。[8]由于市场参与者以可量化的数值形式分享他们的洞察结果，企业可以持续地识别趋势，持续反映员工做出买卖决策的波动情况。如提出这一概念的 James Surowiecki 在 2004 年的著作 *The Wisdom of Crowds* 中所称：“市场具有匿名性，它们产生出相对明确的解决方案，同时为人员提供明确的奖励，以发现并执行良好的信息，这意味着它们的潜在价值的确难以被高估。”[9]

案例 一家消费品公司预测财务成果

我们调查的一家消费品公司使用预测市场作为其整体财务预测的补充。公司发现，各种预测之间存在不一致的情况。因此，公司寻找新的方式对预测方法进行创新，同时仍然遵守现有的正式流程，并遵从文化和安全的合规性。

为了探索预测市场如何支持其预测，公司与解决方案提供商 Crowdcast 合作，共同创建了一个预测市场。该预测市场注重财务预测的关键领域。公司邀请了预测领域的许多人（大约 50 人）参与到市场中。

公司的核心财务分析员团队将来自预测市场的结果与采用现有方法得出的预测数字进行对比，这有助于发现存在偏差的具体领域，以进行集中讨论。[10]

尽管我们根据所应对的业务挑战而对集体智慧方法进行分组，但重要的是要认识到这些方法并不互相排斥。希望利用集体智慧的企业并不承诺仅使用一种技术。在许多情况下，应对业务挑战的最适合方式可能是将多种方法结合在一起。例如，一项集体智慧举措可能来自于想法产生方法，例如虚拟讨论，以着重指出潜在的机遇。然后，该举措可能采用预测市场而确定有可能解决问题并产生最大影响的机遇，例如增加收入或者提高客户满意度。

召集各方力量——确定并激励参与者

对于我们所调查的技术，一个共同的主题是需要仔细地确定哪些人或群体的知识和专业能力构成集体智慧中的“集体”，而且一旦确定之后，如何正确地激励他们参与到其中。

寻找对象

尽管每个目标群体由于待解决的问题不同而不尽相同，但我们的调研参与者着重指出了几个重要概念。每种集体智慧方法都需要最少数量的积极参与者才能产生充足的宝贵洞察力。例如，在实践社区中，我们的经验表明，需要至少 20~30 人进行充足的交流才能保持群体参与度；对于想法的产生和创意事件，这一数字可能增加到几百人，甚至是数千人。最终，人员对象的适当数量将根据三个重要参数而定，如图 2.2 所示。

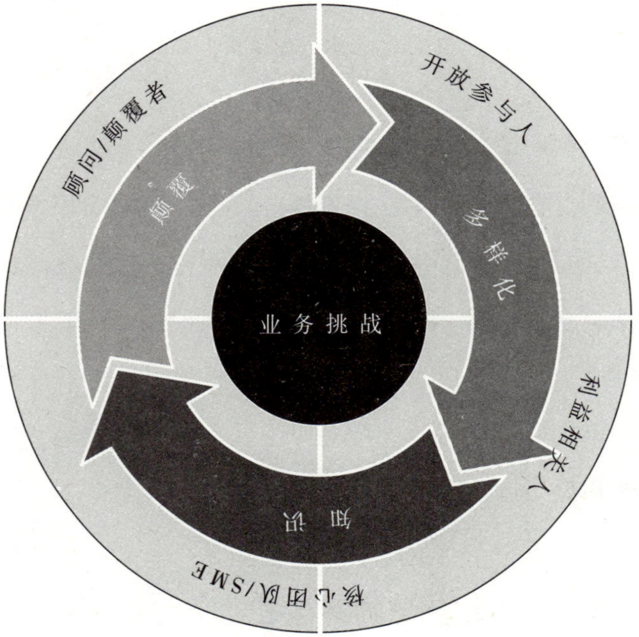

资料来源：IBM 商业价值研究院。

图 2.2　三个重要因素决定了集体智慧目标参与群体的规模：知识、多样化和破坏力

知识　是否有足够的知识型人才解决问题？是否需要熟悉并且掌握所考察主题的相关知识，以提出有价值的意见或观点？如果没有这种观点，参与者可能仅提出推论。

多样化　参与者是否足够多样化，使问题能够从多种角度进行探讨，而不会被一种观点或偏见所主导？例如，如果仅邀请一个团队加入预测市场，预测满足项目时间表的可能性，则市场可能仅反映出项目计划中已有的内容，而错过情有可原的情况。

颠覆性　是否有人能够提供颠覆性观点以产生突破性的思维？颠覆者是指愿意凭借独立思考挑战各种假设和现状的人，而且通常是前瞻性的思考者。即使有充分的多样性，也需要那些能够减少集体思考或者从众心态的人通过“格格不入”的思维来为集体智慧问题提供更深入、更完整的解决方案。

“我们追求的第一目标是纯正的多样化。尽管网络中 61%的注册人员拥有硕士和博士学位，但其他 39%没有这些学历，而且他们是企业家、政策制订人和普通大众。我们希望所有人加入。”

——Dwayne Spradlin，InnoCentive 公司 CEO

激励参与和承诺

在确定了潜在的参与群体后，集体智慧举措的发起人需要集中精力激励人员分享他们的洞察、专业知识，或者开展具体的任务。通过我们的讨论得知，激励参与者需要明确的表述，不仅包括他们对企业所做贡献的价值，而且包括参与者自身的价值。通过调查研究，我们看到了外在激励（例如金钱或绩效衡量）和内在激励（例如满意度、忠诚度和个人愉悦度）的重要性。[11]

我们发现，在集体智慧活动涉及来自企业外部的人员，并且需要参与者投入大量时间和精力时，通常需要大量的金钱奖励。许多为全员参与的竞赛提供的现金奖励涉及数万美元的金额；在某些情况下，例如为开发一种经过改进的电影推荐算法而举行的 Netflix 挑战赛，奖励金额为 100 万美元。[12]然而，对于小型任务，每笔交易可能只需要几美分。这类奖励是相对简单的外在激励，所需的行动与奖励直接挂钩。

这并不是说内在激励不适用于外部的集体智慧举措。竞争精神、同行信誉、共同目标或者帮助他人也是涉及企业外部合作伙伴、客户和其他方面的集体智慧举措的明确激励因素。如前文所述，蛋白质折叠游戏“Foldit”依赖对公民科学和游戏感兴趣的全球人员群体。在游戏设计师 Jane McGonigal 的新书 *Reality is Broken* 中，她解释了严肃游戏为集体智慧提供了巨大的潜力，可以通过提供令人愉快的奖励、激励挑战和奖励获胜者而激发人们参与游戏。[13] Institute for the Future 游戏研究与发展总监、Social Chocolate 公司创意总监 McGonigal 女士也参考了其他严肃游戏，例如“World Without Oil”和“Evoke”，这些都将游戏的能量和情感投入应用到重要的社会问题中。

对于内部参与者，例如员工和承包商，激励可能也是一项挑战。尽管像礼品卡或 T 恤衫这样的外在小奖励可能激发某些人参与到内部集体智慧活动中，但我们看到，许多这样的活动主要依赖更加内在的激励因素。许多参与者由于更好地了解他们对同事的贡献、新的联络机会或者事业发展机遇、或者通过认识到他们的意见被决策人倾听而获得动力。人们越来越认识到，前瞻性的企业不仅看重知识型员工，而且看重那些与他人分享自己的知识和洞察力的人。

激励的性质如何受到待解决问题的复杂度的影响——解决问题所需的努力以及参与者是企业内部还是外部的人员——这些在图 2.3 中可见详细说明。

许多研究人员和思想领袖认为，信任是鼓励参与者的另一个关键因

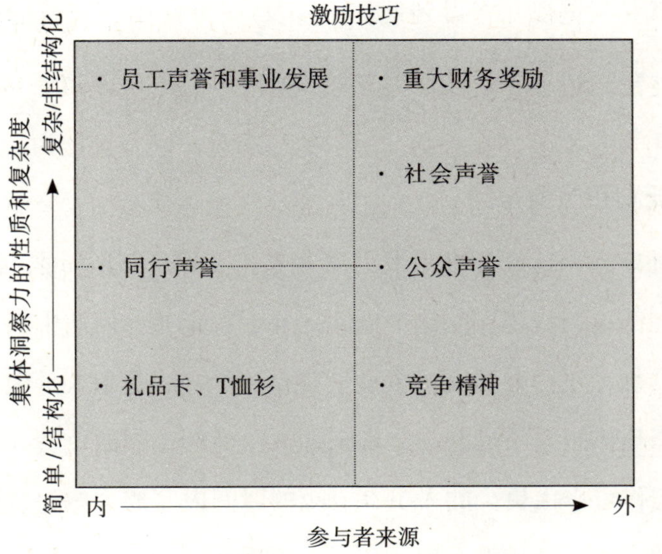

资料来源：IBM 商业价值研究院。

图 2.3 激励参与者的技巧

素。这种信任具有多种形式，包括：

建议的想法将受到尊重，而且所做的努力也得到重视；

坚持共同承担知识财产的所有权；

参与者的反馈得到确认和处理。

启动集体智慧举措的三个关键成功因素

主要调查结果表明，成功的集体智慧举措确定了抵制来源，将集体智慧整合到工作环境中，并且将所发现的成果付诸实施。

无论集体智慧举措是一次性事件还是持续转型的一部分，这类举措都需要经过一个精心建立信任度的阶段，以确保参与者的投入和参与。这可能包括传达以开放和协作方式分享知识的文化、向参与者明确展示他们的贡献受到重视并将得到处理，以及/或者使用声誉或适度技术快速识别到并阻止损害信任度的不良行为。

确定抵制和风险来源

听说过集体智慧或者相关术语“众包”（crowdsourcing）的高级管理人员现在都迫切希望探究这个概念，并了解企业如何从中获益。具有讽刺意义的是，我们看到反对意见主要存在于中层管理人员中，而抵制力量来自于集体智慧举措能为之带来最大益处的工作的负责人。在许多情况下，工作可以由更少的人员在更短的时间内完成。然而，如果工作任务未按期完成，并且没有快速实现投资回报（ROI）和其他好处，则这些任务就会失去动力和高级管理层的支持。

运营挑战

本次研究的参与者详细指出了那些希望实施集体智慧的企业遇到的一些战术性异议和担忧，并且为消除此类疑虑提供了建议，包括：

• 我们没有足够的参与者使调查结果变得有用：参与者重视那些明确的、清楚传达的、能够反映业务目标和自身价值的价值主张。此外，通过提供开放、支持和积极的环境鼓励创新和参与。

• 参与者仅进行争论，而没有提出可行的解决方案：确保对集体智慧有实施支持行动，无论是功能方面，还是在协调员的指导下开展对话并确定可行的目标。

• 参与者可能没有投入足够的时间或者参与时间不够长，未触及问题的核心：引导参与者进行对话，使他们参与或重新参与进来，将新兴趋势与常见想法联系起来，并且请求参与者给予更多的具体细节或意见。确定行为模式，确定并传达预期的最少参与人数。

• 只有专家能为我们解决这个问题：让专家参与到集体智慧举措的设计和部署阶段；然而，重视普通人在多样化经验方面的重要性和价值。

• 我们可能失去知识产权，或者存在与知识产权相关的冲突：使参与者认同预先确定的条件，并且明确知识产权的所有权。管理参与者对成果的期望。

• 可以在非工作时间做游戏，我们需要员工完成本职工作：让员工运用新的、与众不同的方式来学习和协作，探讨严肃游戏对于您的企业的价值。

与现有角色冲突和失去控制力

当前大多数大型企业都有具体的角色或团队负责创意、创新或服务强化。当高管提出，这一群体需要改变运营模式，并将想法的收集和增强职责交给“普通人”，一些经理会将此理解为自己未能尽职。这些经理自责缺乏执行决策所需的技能和创新性，或者认为高层管理人员对他们的决策有偏见或不信任。

在高层和中层管理人员层面，失去控制力是另一个重大障碍，其中包含三个维度：

• 绩效和质量

• 决策制订

• 意识和沟通

使团队以新的方式参与，并且更频繁地与团队以外或者企业外部的人员交流，经理担心他们会失去对那些做工作的人的管理控制权，而且工作质量可能因绩效管理工作量的减少而降低。IBM 商业价值研究院最近对创新领导力的调查确定了领导人接受以新方式实现其目标的重要性，而且领导人能够通过更多地参与、分享他们的想法并鼓励团队成员这样做而释放创新能量。[14]这要求中层经理们改变做法，运用影响力和创新的激励方式来领导员工，而不是通过强权控制来实现高效工作并确保工作质量。

经理们通常认为，集体智慧方法会降低他们在权限范围内做决策的权威。集体智慧方法通常可以打破许多企业中存在的孤岛和分层结构，使经理处于不熟悉的境地。高级领导层需要与经理们一起，了解集体智慧如何帮助改进决策，预测准确性和风险控制能力，以及这些收益如何提高经理的个人绩效。

研究的参与者还担心，对集体智慧举措的公众认知和沟通失去控制。集体智慧举措邀请大量参与者共同应对业务挑战，从而使企业处于风险当中——因为有人知道某项具体的预测或解决方案提议——这些将对企业的公众信誉度、产品发布周期或项目成功度产生影响。

在所有这些场景中，希望将集体智慧举措整合到业务中的企业应管理大量（例如内部、外部、跨部门等）参与者，以适应挑战的各项参数，并且确保参与者了解他们的法律和道德责任，包括对立法机构、当地法律和行为准则的遵从。

新角色和职责的重要性

随着领导角色和风格的改变，集体智慧需要企业增加新的角色和职责，因为它整合到了企业的文化和运作中。这些包括：

- 主持人，激励参与者并将各种讨论和想法联系在一起；

• 焦点联系人和指定人员，负责协调收集和分析，以供进一步的开发；

• 发起人和拥护者，推动并执行所期望的转型。

例如，在实践社区中，社区拥护者和主持人的角色对于推动知识交流和激励参与者至关重要。许多企业也设立了专业能力中心，负责帮助集体智慧方法的使用和接受。例如，在我们对加拿大知名航空公司 Westjet 的财务部应用创新和持续性部门主管 Trent Tilbury 进行采访时，他介绍了他所在的业务部如何成为集体智慧的中枢。

他的部门现在支持业务单位、团队和企业管理层开展大量集体智慧举措，帮助他们明确地阐述问题，确定对象，并且分析举措的影响。[15]

将集体智慧整合到您的工作环境中

尽管集体智慧举措已经开展多年，但在我们的调查中，许多参与者所采取的行动尚处在初期阶段，初始投资和支持都很有限。虽然有些参与者依赖现有的协同平台投资，但也有一些选择采用第三方的软件即平台服务开展协同事件或预测市场。这些服务使企业能够迅速启动某项举措，而不必投入时间和资源将集体智慧解决方案整合到现有 IT 平台中。

根据所涉及的技术，集体智慧举措似乎遵循两个路径：注重具体项目的固定周期事件，和将持续对话作为更全面的方法的一部分，从而将集体智慧整合到企业中。随着这些举措和方法更加普及并且持续进行，把集体智慧与企业战略和系统整合可以为相关举措提供上下文信息和可见性，因为整合变得更加重要，集体智慧供应商和企业应用提供商都投入他们的产品来实现这种系统层面的整合。集体智慧技术、解决方案和平台的演进需要密切关注，因为这些对于加快创新和增强竞争优势具有巨大的潜力。

将您的发现付诸实施

对许多企业来说，虚拟意见箱概念（早期利用集体智慧的尝试）并不成功，原因是所提交的创新想法和企业战略严重脱节。集体智慧举措的一个最重要组成部分也许是需要向参与者提供关于所采取的行动以及人员贡献的价值的反馈。

在想法产生的过程中，企业需要保证参与者了解集体智慧举措的最重要结果，以及如何使用这些想法推动改进。与此相似，对于预测市场，企业需要将其预测的相关性和准确度告诉参与者，使他们明确地了解企业如何使用这些预测改进业务决策。因为这些持续的学习行为，我们的研究参与者才不会错过提高其贡献度的机遇，而且愿意参与到未来的行动中。

集体智慧潜在的整合不局限于技术和文化领域。与设计相关的认可、奖励和声誉体系所需的分析技术非常相似，基础的社会数据本身为企业及其组成人员提供了宝贵的上下文信息的丰富资源库。这些数据经过进一步的分析，可增强专业能力定位和知识发现，从而加快客户支持、自助服务或项目团队的动态组建。它也可增强员工的分析和人才管理计划。

跟踪和识别这些新的绩效参数意味着认可员工个体的贡献，并且帮助企业优化其资源。

开始行动

集体智慧是实现业绩倍增、提高效率、增强质量和卓越度，并且创造更好的员工氛围的强大资源。考虑将集体智慧作为业务能力的企业需要自测以下问题：

- 我们的战略性业务目标是什么，哪类洞察力可帮助我们在市场上开展竞争或实现差异化？
- 想一想我们可能希望参与到集体智慧项目中的对象，我们如何激励他们与企业分享他们的洞察？
- 我们如何以全新的、高性价比的方式获取知识，并与人员保持联系？
- 我们需要哪些技术工具支持这一能力，谁最有能力帮助我们充分利用这些工具？

无论采取哪种方法将集体智慧融入企业的结构中，关键的前提是它使企业能够充分发挥其生态系统的知识资本对于动态地应对业务挑战的潜力。麻省理工学院集体智慧中心的 Tom Malone、Robert Laubacher 和 Chrysanthos Dellarocas 在 2009 年的一篇文章中指出："早期通过 Web 实现集体智慧的例子并没有结束，而是刚刚开始。随着计算和通信能力持续改进，在未来几十年内，这样的例子将会有很多。"[16]

随着企业认识到并且更加愿意利用其员工、客户和业务伙伴的智慧，集体智慧将成为日益重要的机制，使这些人共同识别新的宝贵机遇，解决具有挑战性的问题，并且快速地实现令人振奋的创新。

作者

Eric Lesser IBM 商业价值研究院研究总监和北美洲领导人，他负责监督 IBM 为确立其思想领袖地位而开展的基于事实的调研。过去，他领导 IBM 全球企业咨询服务部的人力资本管理研究和思想领导力研究。他的研究和咨询注重大量问题，包括员工和人才管理、知识管理、协同和社交网络，以及人力资源机构不断变化的角色。他的联系方式是：elesser@ us.ibm.com

Bob Pulver 纽约 Watson 研究中心的 IBM 行业解决方案实验室的解决方案架构师和技术专家。在该岗位上，他向高管提供当前和新兴分析与社会业务技术如何帮他们应对复杂业务挑战的咨询。Bob 拥有近 17 年的多种业务和技术经验，包括大型供应链、CRM 和 ERP 流程转型项目，而且他深入参与了 IBM 内部的创新管理和集体智慧举措。他的联系方式是：bobpulver@ us.ibm.com

David Ransom IBM 全球企业咨询服务部在加拿大的社会业务、知识管理和协同主管。在帮助企业通过协同、知识分享和非正式学习而提高员工效率方面，他拥有近 15 年的经验。最近，David 的专业领域是高级社交网络和协同技术及门户在多个领域中的普及和使用，包括政府、金融服务和电信。他的联系方式是：dransom@ ca.ibm.com

Rawn Shah IBM 协同解决方案部门的社会业务战略家，他专注于开发社会 CRM 和社会销售实践。他著有 7 本书，最新的著作是 *Social Networking for Business*（Pearson/Wharton School Publishing，2010），详细介绍了如何通过社会计算和集体智慧方法组织工作。他还为《福布斯》杂志编写 *Connected Business* 博客（http：//blogs. forbes. com/rawnshah/），着重介绍社会技术对业务的影响，以及企业开展工作的不断变化的特点。他的联系方式是：rawn@ us. ibm. com

执行发起人

Denis Brousseau，副总裁，全球企业咨询服务部，全球组织与人员领导人

Kristen Lauria，副总裁，社会业务营销，IBM 协同解决方案

合作者

Nick DeFilippis，社会业务营销战略，IBM 协同解决方案

Scott Neuman，社会业务营销总监，IBM 协同解决方案

Daniel Roddy，副合伙人，IBM 商业价值研究院

Sai Wing Ho，IBM 销售与经销

David Millen，研究科学家，IBM 研究院

Daniel Gruen，研究科学家与经理，IBM 研究院

Joan DiMicco，研究科学家与经理，IBM 研究院

参考资料

1 IBM Institute for Business Value interview with The Economist.

2 Kielstra, Paul, "Networks for thinking: Developing ideas and forming opinions in the digital age," A report from the Economist Intelligence Unit, 2011.

3 "Design a Coach Tote" Brickfish. http://www.brickfish.com/fashion/Coach?tab=overview, as accessed October 25, 2011 "On Our -Radar: -Design a -Coach -Tote -Contest". Fabsugar http://www.fabsugar.com/Our-Radar-Design-Coach-Tote-Contest-1766945, Accessed October 25, 2011-1766945.

4 Trees, Lauren. "Building the Knowledge Management Program at El Paso Exploration & Production." APQC. 2011.

5 Interview with Panos Ipeirotis, Associate Professor, Information, Operations, and Management Sciences, Stern School of Business, New York University. September 30, 2011; Background information from: "Magnum Photos Asking for Volunteers to Help Tag Their Online Archive." Tim Barribeau, NYU; and http://www.tagasauris.com/index.html. Accessed on October 25, 2011.

6 IBM Institute for Business Value analyis based on IBM employee help desk interaction.

7 Moore, Elizabeth Armstrong. "Foldit game leads to AIDs research breakthrough." cnet. September 19, 2011. http://news.cnet.com/8301-27083_3-20108365-247/foldit-game-leads-to-aids-research-breakthrough/; Official Publication: Nature Structural & Molecular Biology, 2011, doi: 10.1038/nsmb.

2119, Published online: 18 September 2011; Boyle, Alan. "Game solve molecular puzzle that baffled scientists." Cosmic Blog. MSNBC. http://cosmiclog.msnbc.msn.com/_news/2011/09/18/7802623-gamers-solve-molecular-puzzle-that-baffled-scientists, Accessed on October 25, 2011; AFP. "Online games crack AIDS enzyme puzzle," Yahoo Games. http://games.yahoo.com/blogs/plugged-in/online-gamers-crack-aids-enzyme-puzzle-161920724.html, Accessed on October 25, 2011; Hickey, Hannah. "Gaming for a cure: Computer gamers tackle protein folding". EurekAlert! August 4, 2010. http://www.eurekalert.org/pub_releases/2010-08/uow-gfa080410.php Accessed October 25, 2011.

8 Surowiecki, James. "Crowdsourcing The Crystal Ball." Forbes. October 15, 2007. http://www.forbes.com/2007/10/13/james-surowiecki-prediction-tech-future07-cx_js_1015wisdom.html. Accessed October 26, 2011.

9 Surowiecki, James. The Wisdom of the Crowd. Doubleday. May 25, 2004. p. 222.

10 Interview with Collective Intelligence study participant, Consumer Products company.

11 Gardener, Robert C. and Wallace E. Lambert. Attitudes and Motivation in Second Language Learning. Newbury House Publishers, Inc. 1972. Boudreau, K. and K. Lakhani. "How to Manage Outside Innovation." MIT Sloan Management Review. 2009. http://sloanreview.mit.edu/the-magazine/2009-summer/50413/how-to-manage-outside-innovation/

12 "Netflix Price Rules." Netflix. http://www.netflixprize.com/rules Accessed on October 25, 2011.

13 McGonigal, Jane. Reality is Broken. The Penguin Press HC. January 20, 2011.

14 Lombardo, Barbara J. and Daniel John Roddy. "Cultivating organizational creativity in an age of complexity: A companion study to the IBM 2010 Global Chief Human Resource Officer Study." IBM Institute for Business Value. July 2011. http://www-935.ibm.com/services/us/gbs/thoughtleadership/ibv-organizational-creativity.html.

15 Interview with Trent Tilbury, Group Lead for Applied Innovation and Sustainability at Westjet, September 15, 2011.

16 Malone, Thomas W., Robert Laubacher and Chrysanthos Dellarocas. "Harnessing Crowds: Mapping the Genome of Collective Intelligence." MIT Center for Collective Intelligence. February 2009. http://cci.mit.edu/publications/CCIwp2009-01.pdf.

第3章

新兴的社交业务

——适用领域与实现方式

文 / James W. Cortada, Eric Lesser, Peter J. Korsten

目前，围绕社交媒体的问题不是您是否正在做，而是您做得是否足够。在 Facebook 上得到第 10 万个“喜欢”，或者您最新的微博内容每小时被转发 200 次固然很好，但这些活动是否能提高收入、吸引人才，并且弥补企业内的协作差距？您所用的社交媒体是否使企业能够与正确的客户交流，改善客户的在线体验，并且获得他们最新的洞察和想法？您的社交方法是否使客户代表能够搜索全球范围内的专业知识，或者利用搜索的结果？

随着社交方法成为新的标准，这些问题的答案非常关键。全球上网人数占总人数的大约一半。几乎所有这些互联网用户都使用手机。他们越来越多地使用社交媒体购物、支付并分享看法。例如，Facebook 的有效账户已经超过 10 亿个；LinkedIn 在世界上几乎所有国家使用；超过 1 亿人经常使用 Tweet。[1]

企业和公共领域的机构已经看到加入社交世界的价值。据公关公司 Burson-Marsteller 统计，近四分之三的《财富》全球 100 强企业都已开通 Facebook 或 Twitter 账户。[2] 社交已经成为主流，并且无处不在。它不再仅仅是一个 30 岁以下人群的“沙盒”。

然而，处于前沿的企业不仅仅在主要平台上存在。它们纷纷利用外部社交工具，并且将这些工具嵌入核心业务流程和能力中。它们不仅将社交方法用于更好地与客户沟通，与供应商、业务伙伴分享知识，更为重要的是，它们与员工分享知识。简言之，在如何应对社交业务方面，这些企业正在迅速迈向更大范围、更具实质性的转型。

我们对社交业务的定义是：将社交工具、媒体和实践嵌入企业持续的活动中。社交业务使个人能够更有效地与他人联系并分享信息和洞察，包括在企业内部和外部。社交业务工具能帮助员工、客户、业务伙伴以及其他相关利益人进行全面的讨论，并且允许分享资源、技能和知识，从而提高业务绩效。

那些高效地利用社交业务的企业将抓住巨大的机遇。据 McKinsey Global Institute 最近的研究指出，社交业务用户的收入会增长 3%~11%，而生产力可能提高 2%~12%。[3]

为了更好地理解企业如何利用社交业务，IBM 商业价值研究院调查了全球 1100 多家企业，并且与社交业务领域中 20 多位知名度极高的领导人进行了广泛的访谈（见“附件：方法论”）。这些高管表示，社交业务在他们的企业中得到了巨大的发展：46%的受访企业表示，它们在 2012 年增加了对社交业务的投资，而 62%的企业指出，它们将在未来三年内增加支出，这些增加涉及多项职能。如今，大部分企业在营销（67%）和公关（54%）业务中都已应用社交业务。期望最快采用社交业务的领域包括客户服务（在未来两年内，在企业中所占比例将从 38%增加到 54%）和销售（从 46%增加到 60%）。

尽管许多企业打算快速推出社交业务举措，但它们也深知这种转型的潜在挑战。近四分之三的受访者表示，他们没有做好文化变革的应对准备。

三分之二的受访者不确定他们是否充分了解社交业务在未来三年内对其企业的影响。高管们担心的是，社交业务让他们以新的方式看待员工、客户以及如何完成工作，并且为提高组织开放性和透明度带来了潜在风险。

我们的调研和访谈指出了企业在社交业务方面投资的三个主要领域（图 3.1）：

- 创造卓越的客户体验
- 提高员工生产力和效率
- 加速创新

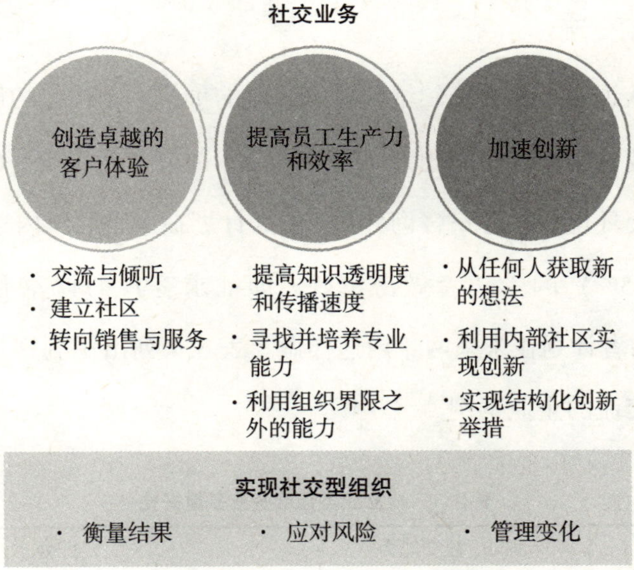

资料来源：IBM 商业价值研究院。

图 3.1　在企业中利用社交业务

创造卓越的客户体验

随着消费者对技术的了解日益加深，如果他们无法通过所选择的媒体进行沟通，可能会导致难以逾越的交流障碍。高管们已经认识到了这一点。正如 IBM 在最近的两次高管调研（2012 全球首席执行官调研和 2011 全球首席营销官调研）中所发现的，高管强烈希望利用社交媒体工具了解客户并创造能够吸引和留住客户的体验。[4] 领先企业已经开始采取行动，将其社交资源和注意力集中于三个领域：倾听和交流、建立社区与转向销售和服务。

倾听和交流

企业认识到了在社交领域与客户交流的价值。在我们的调研中，在利用社交业务解决客户问题方面有经验的一部分受访者中，60%的受访者使用社交环境解答客户咨询，78%的人计划在未来两年内这样做。[5] 超过一半（55%）的受访者做得更好，即征求客户的评论和意见，而 79%的受访者计划在未来两年内这样做。表 3.1 列出了利用社交实践与客户有效交流的企业案例。

表 3.1　社交业务带给企业多重好处

交流方法	社交能力	好处
提供答案	在客户希望联系时，以客户需要的方式通过社交平台提供自助服务和基于代理的支持	缩短响应时间；获得更优质的数据；提高客户满意度
挖掘对话	获取并分析对话，以确定客户情感、购物偏好和整体市场趋势	更有效的营销资源分配；增加创收机会

（续表）

交流方法	社交能力	好处
众包洞察	使用在线社交工具定制产品和服务，并允许其他客户对新设计进行评分和评论	确定具有市场潜力的新服务和趋势
影响有影响者	与重要的追随者合作，获得独特的洞察力，并赢得心理份额	发掘新的趋势，并提高口碑宣传/销售量

资料来源：IBM 商业价值研究院。

例如，北美洲最大的零售银行之一、拥有 8.6 万名员工的 TD Bank 希望提高社交业务的便利性，并且提供舒适的体验。[6] 越来越多的客户也试图通过利用社交媒体工具开展更多的银行业务。TD Bank 决定使用 Twitter 和其他社交平台实时地倾听、接触并响应客户，从而以社交业务方式提供客户服务。北美洲 25 名专业人员组成的团队目前每周 7 天、每天 18 小时监控社交媒体并与客户交流（东部时间 6am 至 11pm）。

TD Bank 将这一能力与其联系中心及整个客户支持战略整合起来，与客户交互的内容包括产品与服务咨询和问题、日常银行业务与问题解决。尽管许多问题可以直接通过社交媒体解决，但团队也有权将那些需要深入考察或客户信息的对话转到传统渠道，例如电子邮件或电话，从而确保为客户提供无缝的体验。随着社交意识的提高和交流的深入，每季度收到的咨询量持续增加。

建立社区

将志同道合的人召集在一起，分享他们对于公司产品或服务的思路、想法和经验，这可以创造卓越的客户体验。为了实现这一点，许多企业采用了基于平台的社区，例如 Facebook 和 LinkedIn 上的社区

——并且在自己的网站上建立私有社区——以推动客户之间以及客户与企业的对话。我们已经在许多企业中看到了这一点，包括直接与消费者打交道的企业，例如汽车公司和银行，以及企业对企业模式的公司，例如商业保险公司。对许多企业来说，客户社区正在成为其服务战略的不可分割的一部分。这些社区解决了传统呼叫中心环境中需要投入时间和资源的问题，并且也提供了企业可能没有考虑到的独特解决方案。

但是，简单地建立空间并不能保证拥有一个充满活力的社区。客户社区的成功需要四项新的关键举措和能力予以保证：

- 监督社区运作的治理流程；
- 社区版主招募、培训与持续培养；
- 培养数量足够多的外界参与者，以影响有影响者，并且宣传社区；
- 能够快速应对客户带来的机会和挑战，同时抓住新的业务机遇。

转向销售和服务

社交业务已经超出宣传活动的基本范畴，涵盖整个客户生命周期，包括线索生成、销售和售后服务。我们的调研数据指出，尽管期望使用社交业务开展宣传活动的企业比例有所增加，即从目前的 71%增加到两年后的 83%，但期望利用社交方法生成销售线索并创造收入的企业数量将显著增加。目前，51%的企业利用社交方法生成销售线索并创造收入，而 74%的企业计划在两年内这样做。期望利用社交方法加强售后支持的比例也有望提高，从目前的 46%增加到两年后的 69%（图 3. 2）。

随着活动范围的扩大，客户与企业联络点也在增加，这需要企业提供一致的客户体验。社交业务实践需要更密切地嵌入传统营销与销售流程中，使松散的营销和广告活动让位于紧密联系的线索生成和销售活动。此外，通过社交渠道提供客户支持将成为更主要的焦点，企业需要将社交平台融合到其客户关系管理的大战略中。表 3.2 总结了企业创造卓越的客户体验所需培养的四项关键能力。

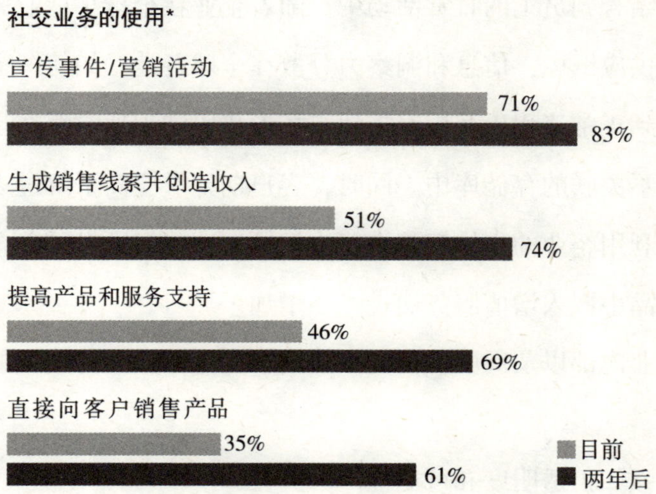

资料来源：IBM 商业价值研究院；社交业务调研。＊基于在与客户相关的社交业务活动方面有经验的受访者的回答。全球（$n=599$）。

图 3.2　社交业务的使用

表 3.2　创造卓越客户体验的阶段

阶段	基础	领先	未来状态
与人员和群组交流	为倾听和响应客户而制订整个企业的跨职能部门的方法	将来自客户对话的洞察信息与购买和使用数据结合在一起，以实现服务的创新和个性化	使用社交信息，为不同的零售商设计个性化“店面”
建立社区	注重由外部人员发起并组织的现有客户社区	发起、托管并培养客户社区，建立交流渠道并且向客户学习	将社区整合到核心组织流程中，例如销售、支持、产品创新
转向销售与服务	确定客户希望通过社交渠道交互的价值链领域	制订社交媒体战略，将营销、销售和服务的相关部分集成在一起	利用内部企业文化增强外部企业品牌，在所有接触点创造一致的客户体验

资料来源：IBM 商业价值研究院。

提高员工生产力和效率

尽管客户才是许多企业的主要关注点，但越来越多的企业也开始将社交方法结合到员工的日常活动中。随着企业在全球扩展业务，或者参与到全球供应链中，信息和洞察力分散在全球各地。如何解决问题、使异常恢复到正常流程以及应对当地市场形势等知识通常存在于独立的而且通常互不关联的存储库中。同时，客户期望供应商了解过去的业务交易，并且利用企业的集体智慧来解决问题。这些问题会随着企业持续在其传统产品中嵌入增值服务而进一步增加。

在企业内部以及周围价值链中应用社交业务战略和战术的重要意义在于：

- 增强知识透明度和可见性
- 发现并培养专业能力
- 开展企业外部协作

增强知识透明度和可见性

对已经采用社交方法解决员工问题的受访者的调查结果表明，近三分之二的受访者利用社交能力寻找信息、更有效地开展协作，而超过80%的受访者期望在未来两年内这样做。[7] 表 3.3 列出了企业为推动信息共享和协作而采用的社交活动的范围。尽管案例来自于特定的行业，但这些活动适用于大量企业。

表 3.3　以社交业务开展工作的例子

行业	工作流程	社交能力	好处
连锁饭店	产品开发	使一线经理有机会评论客户对新产品的反应	缩短产品开发周期，并提高客户满意度
IT 服务	软件开发	提供协作空间，使支持常见应用的社区能够提出问题，回答问题，并且找到专家	加快项目交付，减少软件缺陷数量
石油	工程项目管理	利用内部社交工具和网站，与企业外部合作伙伴开展协作	增强职能卓越性，降低运营成本

资料来源：IBM 商业价值研究院。

发现并培养专业能力

随着市场和技术的快速变化，企业认识到，他们的人员需要持续地更新自身的技能。伦敦商学院教授 Lynda Gratton 指出：“您不能期望您在某个领域中成为大师会使您在整个职业生涯中都是宝贵的人才。”[8] 无论是对于员工还是其雇主，终生学习必不可少。为了支持这一点，企业纷纷将社交实践结合到正式和非正式学习活动中，因为这有助于缩短培养必要技能所需的时间。我们的研究表明，企业利用社交能力加强学习效果的方法有：

- 分享对学习资料的评价和洞察
- 将团队精神融入学习环境中
- 采用游戏技巧，例如评级和评分
- 融合现代的模拟方法，提供实践与测试
- 联系与主题相关的专家
- 让越来越多经验丰富的员工互相学习
- 利用视频和多媒体等工具吸引注意力，并且提高学习效果
- 追踪学习进度和效率

上述举措有助于增加组织知识，允许更快地分享学到的内容。

案例研究：波士顿儿童医院

波士顿儿童医院是领先的儿科医疗中心。医院认识到需要培养全球各地医院的医生的能力，并且了解他们学习的内容。由于认识到需要超越传统的医生教育和会议，医院采用社交业务实践改造了部分培训方式。

医院开发了一个儿科急救护理专业人员网络，用于分享他们对于领先实践的知识，并且为全球各地的医疗专业学生、市民和从业者开展培训。医院创建了一系列学习模块、模拟和最佳实践指南，目的是提供及时的指导，模拟实际动手经验，并且增强员工和学生的技能。医院还将视频会议和信息捕获能力嵌入业务流程中，将人员召集在一起进行面对面交流。该网络由专家社区定期监控，为其他人员提供洞察信息，并且了解全球各地的专业人士的领先实践，使当地的工作人员学习到最新的儿科医疗实践。[9]

开展企业外部协作

通过调查那些已经采用社交业务处理员工问题的企业，我们发现了一个关键的趋势，即在未来两年内，社交业务将在组织界限之外得到应用。这些企业希望增强与客户、供应商和合作伙伴的协作，并且充分利用外部人才，例如众包（图3.3）。这方面的例子包括保险公司与独立代理合作，以及消费品公司与供应商合作协调各项活动，包括生成销售线索和改进生产流程。尽管我们调查的某些公司坚持在取得良好“内部协作”之后才跨越企业界限应用社交业务，但跨组织社交举措将成为社交业务演进的必然结果。

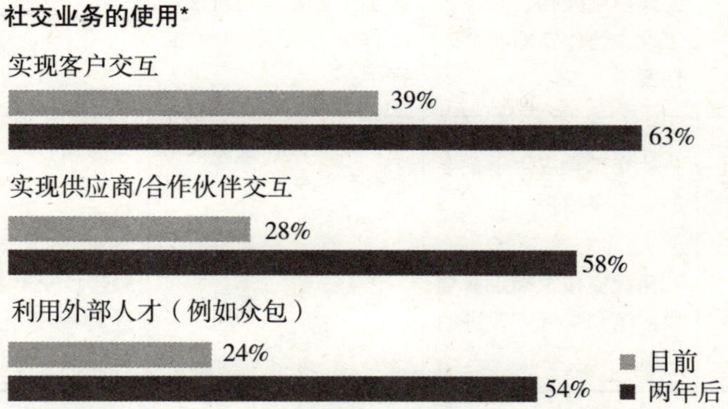

资料来源：IBM 商业价值研究院；社交业务调研。* 基于在与员工相关的社交业务活动方面有经验的受访者的回答（$n=362$）。

图 3.3 利用社交业务开展跨组织界限的协作

使用社交方法改进工作方式——增强知识的可见性和透明度，发现并培养专业知识，跨组织界限开展协作——这些方法已被许多企业采用。表 3.4 列出了企业在重要工作及活动中需要采用的社交业务能力。在最基础的层面，管理层必须提供基础架构，使员工能够设立协作空间。据高管称，这些系统需要容易接入和使用。对许多人员来说，如果不需要投入大量时间和精力即可掌握这些工具，他们才会采用新的方法。

协作工具和方法一旦实施以后，就应集成到日常活动、项目和流程中。这样就能快速建立特定社区应对特定问题和机遇。企业也必须能够了解数据在何处生成，以及如何使企业受益。最后，管理层必须教育其员工利用政策、实践、社交业务方法和工具与企业外部人员高效地协作。

表 3.4　使用社交工具提高员工生产力和效率的阶段

阶段	基础	领先	未来状态
提高透明度并加快速度	创建基础架构，允许员工设立协作空间和个人档案	将协作工具集成到日常工作活动、项目和流程中	挖掘社会交互活动，确定有影响力的领导者，并且了解未来趋势
发现并培养专业能力	将社交工具应用于重要的学习举措中	将游戏能力和模拟技术融合到相关工作和学习活动中	在需要时向人员提供从社交数据中获得的洞察信息
跨界限协调	利用社交技术确定需要供应商和中间商改进的领域	利用众包技术增强企业的流程和技能	融合社交数据，以改进跨组织的流程和活动

资料来源：IBM 商业价值研究院。

加速创新

将社交能力融合到创新流程中是企业开展社交业务的又一重要成果。据受访企业称，社交工具使它们能够更轻松地从与企业接触的每一个人获取新的想法。管理层和员工必须随时做好准备接受新的想法，无论产生于何处。此外，我们发现，内部社区也利用社交工具推动自发的创新。它们也使用社交方法执行那些需要高级管理层投入资源的更具结构化的创新活动，并且追踪从这些活动中收集到的洞察信息。

从任何人获取新想法

企业使用社交工具可以轻而易举地发现新想法，无论这些新想法从何处而来。对产品或服务最有经验的人——客户、业务伙伴或者员工——现在都有机会分享洞察力，并且获取他人的反馈意见。根据我们对使用社交方法开展创新有经验的人员进行的调查，企业希望在监控客户对新想法的评论、获取客户的反馈意见、使客户能够提交计划/解决方案以及推动与合作伙伴/供应商之间更有效的协作等方面增强能力（图 3.4）。[10]

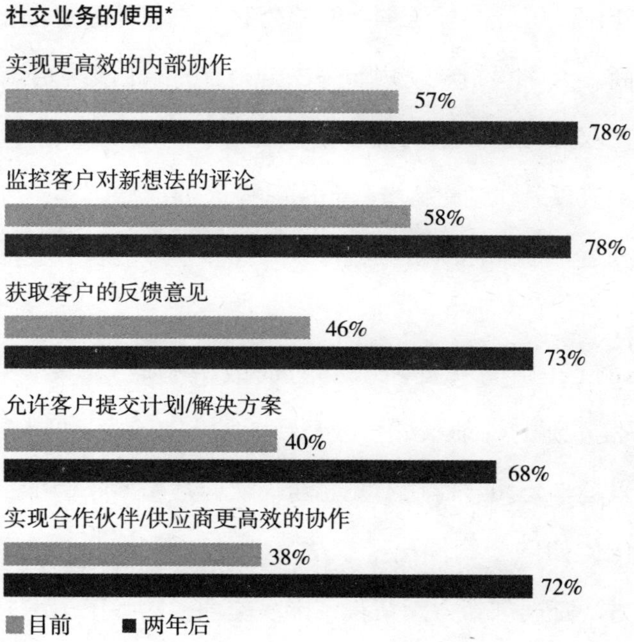

资料来源：IBM 商业价值研究院；社交业务调研。＊基于在社交创新活动方面有经验的受访者的回答（$n=446$）。

图 3.4　社交业务为获取新想法提供了大量机会

有些企业（例如玩具公司乐高集团）开发了创新平台，供客户提交新产品的想法，甚至分享从这些想法中创造的潜在收入。[11]

与此相似，个人护理产品公司 Beiersdorf 开发了“Pearlfinder”——这个网站允许潜在供应商提交有关新产品和新服务的想法。该网站还有助于达成协议以及知识产权的转让。在这两种情况下，企业都找到了在更广泛的范围内开发有价值的新产品、服务和能力的方式。

案例研究：Beiersdorf

Beiersdorf 是皮肤护理产品的全球制造商。公司希望更好地利用业务伙伴的想法增强其创新能力。除了其他开放式创新工具以及与外部合作伙伴组成的标准创新网络外，公司创建了 Pearlfinder 平台。供应商、大学、机构、顾问和发明家可以在该平台上提交想法，并且在双方对想法都有兴趣的前提下，与 Beiersdorf 人员一同优化想法和流程。作为进入 Pearlfinder 社区的前提条件，外部合作伙伴必须经过一个简化的合约流程，允许以开放的方式交流想法和要求。

Beiersdorf 在共同开发新产品方面取得了成功。例子包括与 Phillips 开发了新的剃须系统，以及在美发和美体领域制造出多种产品。有兴趣与公司合作的不知名合作伙伴数量不断增加，而且大量外部合作伙伴向公司提出了想法。此外，Beiersdorf 在采用这种社交业务方法开展创新方面荣获了许多奖项，增强了市场对于公司愿意并且期望成为协作商的理解，同时真正地开发出了新的产品。[12]

利用内部社区实现创新

多年来，企业内部社区将志同道合的人员召集在一起，一直被视为创新的发源地。社交工具进一步提高了这些社区的能力——提出更多更好的创新想法，寻求其他拥有深入知识的人员的帮助以优化这些想法，并且在全球范围内征求意见。客户社区的例子说明，加强内部社区的管理可以提高社区的价值，为社区成员提供工具和社区资产方面的培训，推动社区成员之间的交流，实现社区收益。[13]

位于墨西哥的全球建筑材料公司 Cemex 是利用社区实现创新能力质的飞跃的例子。公司希望将其预置混凝土产品拓展到全球各地的新市场中。借助内部协作平台，员工可以分享想法、建议和意见。成立的兴趣社区可追踪各地、各市场和技能集所共同面临的挑战。通过使用内部的专业能力，Cemex 能够缩短循环周期，实时地改进流程，并且将产品上市时间缩短三分之二。[14]

推出结构化创新举措

企业越来越多地使用社交工具实现更加结构化的创新，包括社交意见箱、全体讨论及骇客日（Hack Days）。通过社交意见箱，人们持续地提出想法。这些想法被转给了能够评估其优点并采取措施的人。参与评估和提出想法的人可以是几名员工，也可以是几千人。

对于集体讨论，有时数万人接入社交媒体工具，通常持续几天时间，共同讨论一个问题，并且提出解决方案或者新要求。这些活动一般是有人管理的在线讨论，通过询问和投票方式就某个特定主题或挑战提取见解。最终结果公布给参与者，并选出需要进一步讨论的想法。骇客日是利用社区工具的一种新方式，这种短期活动主要是在既定的时间内开发出可行的解决方案和原型。跨职能团队执行某一任务，负责给出适用的（如果不是完美的）结果。

结构化创新行动的一个例子是花旗银行全球交易服务部所推出的举措，即利用现场人员的知识验证未来的战略，并且找出增长机遇。花旗银行推出了协作活动，称为集体讨论，向 88 个国家的 2.5 万人开放。超过 6000 名员工在长达 55 小时的活动中登记。平均每位参与者对话时间为 4 小时。活动之后，组织者利用分析技术将讨论的不同内容链接起来，并通过挖掘参与者的评论而获得更多洞察信息。这一集体讨论不仅展现了利用一线员工的意见验证未来方向和战略的能力，而且使员工感觉到公司认真听取并考虑了他们的想法。[15]

在结构化创新活动中，吸引参与者加入的一个关键做法是了解潜在的对象。为了获得最大的收益，企业需要：

• 确定提出新想法和洞察信息所需的参与者数量；

• 创造足够多样的体验和观点，以避免群体思维并鼓励创新；

• 汇集相关的上下文信息以及需要解决的问题的专业能力；

• 邀请愿意挑战现状和假设的人员共同提出更深入、更完整的解决方案；

• 提供参与动力，包括内部/外部认可和奖励。

除了将各个小组召集在一起进行有组织的对话外，成功地促进想法产生还需要在这个过程前后做大量沟通工作。社交业务的领导者明确且全面地沟通“大局”，例如想法的产生为何重要，以及期望参与者提供什么意见。企业必须通过建立基本规则和期望而获取信任，例如充分地表述所讨论课题、机遇、问题的范围、战略重要性和战术挑战。对于管理层来说，这也意味着不要过多承诺或者确立不实际的期望。通过对结果提供明确而及时的反馈而表达对参与者的时间和想法的尊重是所有社交业务文化的基础。最后，企业必须对洞察信息和有潜力的想法采取行动，克服内部文化惰性（例如“想法太激进”），公开表彰提出想法的人，并且公布对活动结果所采取的措施。

对于希望利用社交方法实现创新活动质的飞跃的企业，表 3.5 列出了企业应考虑实施的多种做法。

表3.5　利用社交方法加快创新

阶段	基础	领先	未来状态
获取每个人的新想法	确定新想法可能为企业带来附加价值的特定机遇	为持续收集内部和外部创新而制订流程	挖掘社交活动的结果，确定未来的创新需求和趋势
利用内部社区实现创新	建立平台，供内部社区共同分享洞察力	提供资源，使社区创造最大的战略价值	根据社会贡献确定潜在的社区参与度
实现更具结构化的创新	开展创意活动，让各业务部门的员工参与	将创新活动的范围扩展到更大的相关利益方群体	将创新活动和社交数据嵌入持续的产品开发流程中

资料来源：IBM商业价值研究院。

将社交方法嵌入企业中

我们的调研和访谈明确指出：在利用社交业务方法方面最成功的企业知道，它们必须在整个企业内对员工的工作方式做出根本性的变革。要将社交业务融入组织结构中，整个组织必须解决三个关键问题：

首先，企业需要考虑如何将社交指标整合到传统的组织流程中；

其次，企业需要了解并管理与社交业务相关的风险；

再次，变革管理是将成功的社交业务实践融入企业中的关键要求。

这样做的意义很明确：社交业务需要以独特的方式利用传统变革管理原则，以影响企业的文化和绩效。

1. 利用社交数据做出业务决策

我们的研究发现，只有20%的企业能够识别关键性能指标（KPI），并追踪社交业务活动的投资回报（ROI）。做不到这一点的企业很难获得开展社交业务举措的动力，因为结果的不确定性使许多相关利益人不愿意为此投入。在某种程度上，我们调查的许多企业试图量化其实施效果，而且认识到仅根据节约的成本来证明社交业务举措的合理性是不够的。相反，它们通过试验项目证明社交项目的硬收益和软收益，同时/或者运行试验项目以比较使用和不使用社交工具的个人或群体的绩效。

受访者还表示，证明社交业务举措投资回报的合理性只是社交工具的一个潜在用途。企业可通过分析而整合社交数据和传统数据源，从而对客户（例如谁有可能对特定的举措做出响应）和员工（哪些人最有可能对特定的问题给出有价值的答案）做出决策。通过考察社交活动中所遗留的数据，企业可以获得以前无法获得的宝贵洞察力。

2. 管理社交业务风险

社交业务工具的使用尽管有许多好处，但也并非没有风险。调研受访者和我们调查的高管列出了多方面的担忧，包括对品牌的攻击、法律问题、数据安全与隐私，以及公司信息的无意泄露。大约一半的公司尚缺乏有效的流程来处理这些问题，但近四分之一的公司表示它们已经这样做了，而另外四分之三正在这样做。然而，许多受访者指出明确的治理措施对于管理企业内大量社交举措的重要性。这些企业也为员工制订了参与社交业务需要遵守的规则，并且为管理和监控整个企业的社交业务行为制订了治理结构。

成功的企业认识到了潜在风险，它们主动邀请适当的专家加入，制订风险管理计划。它们了解自身的问题，了解法规要求及其对企业的影响，并且对一项行为何以有风险以及如何控制风险进行思考。最重要的是，它们在问题发生之前即与主要的职能专家合作，包括人力资源、法律、IT、通信、财务和风险领域的专家。它们寻找那些愿意认清风险，而且能够抓住风险中所蕴含的机遇的人才。

3. 利用变革管理实践

虽然高管看到了应用社交能力的价值，而在日常工作中应用这些能力的是各级经理们，他们两者之间远没有做到步调一致。我们的调研表明，48%的企业指出它们得到了高层的指示，而仅有 22%的受访者认为经理准备好将社交业务融合到日常实践中。在该领域，其他研究人员也发现，管理层在接受社交业务方面存在挑战。如 MIT 数字业务中心首席研究科学家 Andrew McAfee 在接受《斯隆管理评论》采访时指出："我在与 CEO 交流时发现，他们迫切希望聆听客户的意见、员工的意见……但我有一个印象，企业有一个中间层一直充当上传下达的信号处理器，而他们当中有些人不希望看到这个角色消失。"[16]

与以前的转型相似，例如流程重组、全球供应链的开发，甚至早期的电子商务应用，社交业务转型要求企业集中精力帮助人员了解社交举措的价值，引入正确的相关利益人，并提供适当的支持和激励。表 3.6 解释了其中一些重要概念，并讨论了如何将这些概念应用到社交业务转型环境中。这些概念有很多，也都很重要。

表 3.6 管理社交业务转型

行动	活动
让人们使用工具	• 创造机会，让人们使用新的社交业务工具 • 提供一对一的辅导和反向教导，鼓励领导人成为预期行为的榜样，从而传达社交"许可"的信号 • 通过社交工具收集成功故事（例如维基、博客、视频）
利用传统变革管理概念支持过渡	• 指定多名社交业务拥护人/主题专家，鼓励并加快接受过程 • 提供关于重要性以及在企业内外使用社交工具的准则的教育 • 奖励预期的用途和行为
融合社交方法，以支持变革	• 编制关于社交方法可能用途的故事和场景 • 使用社交网络方法确定有影响力的领导者并与其交流 • 向员工、合作伙伴和客户提供支持

资料来源：IBM 商业价值研究院。

未来行动

无论您的企业拥有丰富经验还是刚刚起步，引入社交业务实践都是一次转型，这一转型过程将伴随着全新的工作方式。我们的研究结果表明，企业从 CEO 办公室到最基层需要考虑三项关键行动：

第一，开发社交方法和工具，用于创造一致的、卓越的客户体验。请自问："我们的企业使用哪些方法倾听客户意见，并与客户交流？"另一个问题是："营销、销售和客户服务部门如何围绕社交举措互相协调？"

第二，嵌入社交能力，以提高员工生产力和效率。为了帮助激发您的思考，请考虑："我们企业内哪些领域可通过社交举措增强协作？"以及："我们如何使用社交方法更好地与企业外部的关键利益人保持联系？"

第三，使用社交方法加速创新。请考虑："获得更多创意和想法如何对企业产生最大的影响？"并自问："如何更好地让企业外部人员参与到创新举措中？"

越来越多的企业实施社交业务实践的原因是，在竞争对手、合作伙伴和客户纷纷采用新的业务方式的经济环境中保持竞争力和获利能力。我们不能只是简单地使用社交媒体工具，而是进入了一个企业内部各级和跨企业界限的工作方式发生根本性转型的新阶段。

附件：方法论

IBM 商业价值研究院（IBV）与经济学人信息部联合在全球范围内

对多个行业进行了在线调研，共收到了 1161 人对详细调查问卷的回答（图 3.5）。调研考察了企业如何看待社交业务，并且通过在这些领域有丰富知识的人员对客户、创新以及员工使用社交业务方法和工具有了深入了解。IBM 商业价值研究院还从 IBM 过去两年内对全球几千名高管进行面对面访谈而得到的结果中提取了观点。

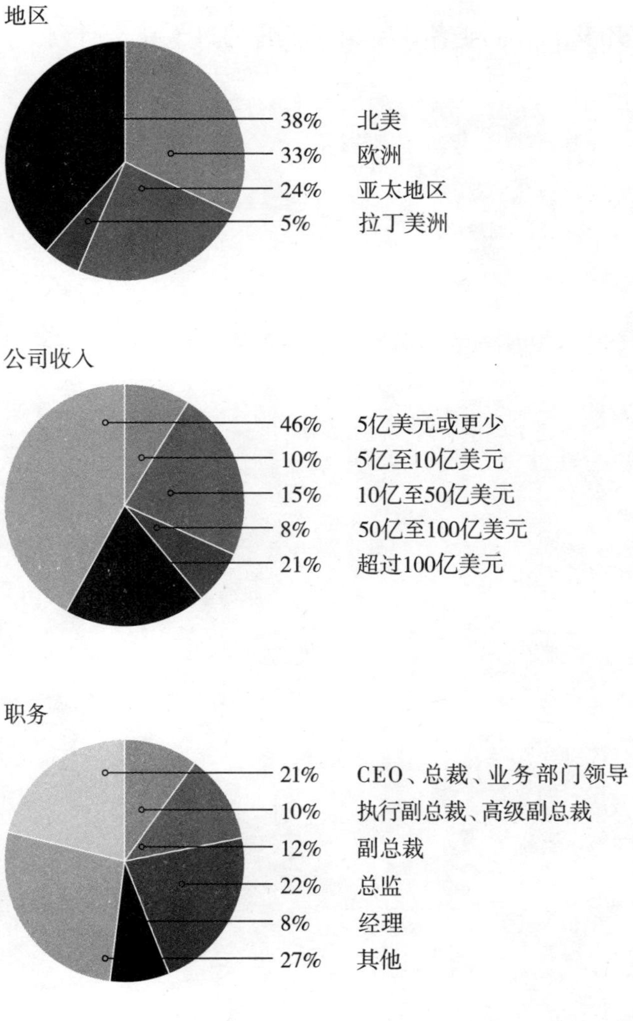

资料来源：IBM 商业价值研究院，社交业务调研，地区，公司收入，职务；全球（$n=1161$）。

图 3.5　本调研的人口统计特征

此外，我们的研究人员还采访了在北美洲、欧洲、印度和韩国成功实施社交业务实践的 21 位高管，以及刚刚开始实施社交业务的 5 位高管。我们还利用了 2011 年在此领域开展的研究和访谈的结果。IBM 商业价值研究院还与社交业务实践领域的全球知名专家——哈佛商学院 John R. Wells 教授一起设计并开展了研究。此外，IBM 商业价值研究院还利用了 IBM 公司的大型社交业务专家社区，这些专家正在实施社交业务实践，开发工具，或者开展相关主题的科学技术研究。

作者

James W. Cortada　IBM 商业价值研究院成员，已经监督或者执行了多次关于政府、医疗行业、经济发展和流程重组方面的研究。在与多个行业合作实现组织和业务转型方面，Jim 拥有超过 35 年的丰富经验。他的联系方式是：jwcorta@ us.ibm.com

Eric Lesser　IBM 商业价值研究院研究总监和北美领导人，负责监督 IBM 为实现其思想领袖地位而开展的基于事实的研究。他曾经是 IBM 全球企业咨询服务部的人力资本管理研究和思想领袖事务的领导人。他的研究和咨询注重多个方面，包括员工和人才管理、知识管理、协作和社交网络，以及人力资源组织不断变化的角色。他的联系方式是：elesser@ us.ibm.com

Peter J. Korsten　IBM 商业价值研究院的全球领导人，并负责广受赞誉的 CxO 系列调研。过去八年中，他在自己的办公室中与超过 15000 位 CEO、CFO、CIO、CMO、CSCO 和 CHRO 进行了面对面访谈。他经常发表关于当代战略性主题以及领先趋势的演讲。他的联系方式是：peter.korsten@ nl.ibm.com

致谢

感谢接受我们采访的全球 40 多位高管，他们慷慨地抽出时间与我们分享了自己的看法。我们还要感谢近 100 位 IBM 同事，他们也为本项目提供了意见和支持。另外要感谢经济学人信息部（EIU）参与本项目的实施。特别感谢几位同事花费几天、几星期和几个月时间为我们提供支持。

IBM 项目组：Stephen E. Ballou、Thibault Dauphin、Nick DeFilippis、Suchika Jain、Kathleen Martin、Jennifer A、Okimoto 和 Shailesh K. Sinha。还要感谢哈佛商学院 John R. Wells 教授在项目中提供的真知灼见。

我们感谢以下人员的意见和贡献：Saul Berman、Denis Brousseau、Matt Collins、Kevin Custis、Irene Greif、Douglas Heintzman、Tushar Khosla、Catherine Lord、Scott Neuman、David Ransom 和 Rawn Shah。

参考资料

1　Data based on various press releases from each social media outlet in 2011 and 2012.

2 Burson-Marsteller, "Global Social Media Checkup 2012," released August 15, 2012. http://www. burson - marsteller. com/innovation _ and _ insights/throught_ leadership/defeault_ view

3 "The Social Economy: Unlocking Value and Productivity Through Social Technologies." McKinsey Global Institute, July 2012.

4 "Leading Through Connections: Insights from the Global Chief Executive Officer Study." IBM Institute for Business Value. May 2012.; "From Stretched to Strengthened: Insights from the Global Chief Marketing Officer Study." IBM Institute for Business Value. October 2011.

5 Note: 52% of the total sample responded to having had personal experience using social business to address customer issues.

6 IBM Institute for Business Value interview; Adams, John. "New Tool Helps TD Bank Speed Social Media Queries to Reps." American Banker. September 9, 2011. http://www. americanbanker. com/issues/176 _ 176/td - banksocial - media-twitter-1042021-1. html.

7 Note: 31% of the total sample responded to having had personal experience using social business to address workforce issues.

8 Dewan, Shaila. "To Stay Relevant in a Career, Workers Train Nonstop." The New York Times, September 22, 2012.

9 IBM Institute for Business Value interview.

10 Note: 38 percent of the total sample responded to having had personal experience using social business to address innovation issues.

11 Yun Mi Antorini, Albert M. Mu? iz, Jr., and Tormod Askildsen. "Collaborating with Customer Communities: Lessons from the LEGO Group." MIT Sloan Management Review, 65, no. 3. Spring 2012.

12 IBM Institute for Business Value interview.

13 Lesser, Eric and John Storck. "Communities of Practice and Performance." IBM Systems Journal. Winter 2001.

14 Sandy Carter. GET Bold: Using Social Media to Create a New Type of Social Business. Upper Saddle River. N. J.: IBM Press, 2012: p. 143.

15 Lesser, Eric, David Ranson, Rawn Shah and Bob Pulver. "Collective Intelligence: Capitalizing on the crowd." IBM Institute for Business Value. January 2012.

16 Kiron David. "What Sells CEOs on Social Networking." Sloan Management Review. February 2012.

第 4 章

社交化业务模式

文／温晓华，祁剑，王雁

执行摘要

社交化业务已经成为互联网发展主要方向。以 Facebook、Twitter、腾讯 QQ 空间为代表的各类社交化业务在全球范围内飞速增长。社交化业务拥有三个核心特点：分享、协作和选择。它更高程度上满足了人类分享的需求，推动了跨时间和空间的协作，提高了消费者选择的效率并降低了选择的成本。正因为社交化业务的这些核心特点，促使各类社交化业务快速增长，广泛覆盖各个年龄段的消费者，而且对消费者的行为产生了深度影响。各行各业的企业也在积极思考和尝试如何运用社交化业务对企业的业务和运营进行全面创新，以获取竞争优势。

互联网社交化改变了企业的外部发展环境。在这一趋势中企业需要关注四个方面的变化并把握其中机遇。首先，社交化发展推动了互联网自组织模式发展。其次，社交化业务使得散落“小众需求”进一步聚集，从而小众聚集的“长尾”也成为有利可图的市场。再次，社交化业务营造的协作环境，使得消费者和生产者不断融合到价值交付的各个环节。最后，以企业为核心搭建的价值链也逐渐向以各方参与的价值平台演进，价值交付各方信息得以更畅通地分享，自组织模式解放了价值交付潜能，小众需求得到更多的满足，消费者的个性化能力得到更充分的运用。

IBM 认为，企业可以通过发展社交化业务模式来把握互联网社交化机遇。社交化业务模式由四大类参与方和业务交付平台构成。它建立社交化业务协作环境，以自组织模式为价值交付基础，设计共赢的盈利模式吸引大量参与方，同时提供有效的平台管理、运营和支撑能力。由此，多方在业务交付平台进行大规模的创新、协作和价值交付。社交化业务模式培育内外部信任的协作关系，由此产生共同的商业价值，达到共同成长的目的。社交化业务模式具有创新性、一致性、促进性和普及性的基本特征。

社交化业务模式为企业创新带来四方面业务价值。首先，社交化业务模式中消费者和企业全面融合，企业有机会获得更深入的消费者洞察，能够变“推”为积极聆听、借势而为、和消费者共同营造消费需求，进一步深化与消费者之间的关系。其次，社交化业务模式将消费者、合作企业、科研机构等多方引入价值交付，进行分享协作，产生海量创意，大大提高创新产生的概率，进而通过有效管理提高创新效率。在社交化业务模式中，价值交付向参与方充分开放，通过有效管理和公平竞争，多方参与推动交付能力向更灵活、更低成本和更高效方向发展。最后，社交化业务模式通过构建多形式的协作环境，可以有效提升企业在人才招募、部门协作、知识管理和培养创新协作文化方面的能力。

很多互联网公司和非以互联网为起点的公司已经开始积极尝试社交化业务模式，为社交化业务模式的建设提供了很多宝贵经验。IBM 认为，社交化业务模式是企业未来发展方向。社交化业务模式的转型需要从企业战略的高度出发，考虑四个业务价值实现的优先级。同时，需要制定明确的盈利模式吸引广泛参与方。此外，企业还需要为参与方提供良好的社交化用户体验及协作环境以提高参与的黏度和交付效率。在实施社交化业务模式转型的过程中，企业还应该提升管理能力并进行变革管理，为新模式的建立提供适当的氛围和环境。

互联网社交化发展催生了社交化业务模式。企业应顺势而为，充分借助社交化业务模式变革客户关系管理、充分释放创新能力、跨越式提升交付能力、解放人力资源潜能，在市场竞争中拔得头筹。

互联网社交化改变企业的外部发展环境

社交化业务迅速发展，互联网进入社交化时代

进入 21 世纪以来，互联网向以 Facebook 为代表的社交化业务方向迅速发展。Facebook 自 2004 年成立以来用户已达 8 亿之多，每天评论超过 2000 亿条。Twitter 成立 5 年间，用户数也超过 2 亿，每天产生超过 5000 万条的信息。中国最大的社交类网站 QQ 空间，活跃用户数已经近 5 亿。[1]社交化业务的兴起对消费者行为产生了巨大影响，各行各业的企业也高度重视通过运用社交化业务对企业战略和运营进行全面创新，以便在市场竞争中取得先发优势。

社交化业务迅速兴起和持续的高潮得益于其三个核心的特点：分享、协作和选择。

分享是人类生存和发展的核心需求之一。社交化业务推动了分享的兴趣、乐趣和效率。在社交类业务中，人们基于兴趣自发地组成不同团

体或社区，进行分享、交流和互动。以 Facebook 为代表的社交网络鼓励实名制，使人们将真实世界的人际关系转移到网络上。通过社交化业务，人们可以超越空间和时间的限制，拥有更多的朋友和视野，为人生增添许多乐趣。社交化业务进一步提高了信息交互效率。在社交化业务中，通过朋友或志趣相投的人分享，人们可以更快速知晓和获取所需信息，避免了通过门户网站或搜索网站查找的漫长筛选工作，提高了分享的效率。

社交化业务也推动了从小到大各类协作的产生和效率。人们和各类组织基于自身兴趣和利益参与社交化业务，形成协作参与的基础，基于自我需求和兴趣在社交环境下提出协作需求，而分享则使协作需求迅速传播和快速响应，使得协作发生的可能性和成功率大大提高。协作进一步推动了人们对社交化业务参与的兴趣和热情，使得社交化业务有更坚实的发展基础。

社交化业务的第三个核心特点是提高选择效率和降低选择成本。由于社交化业务参与的普遍性和积极性，它为各种创意的实施提供了海量的尝试机会，而尝试成功和失败记录被记载、分享和累计又为以后的选择提供了资料和基础，从而提高了选择的效率。由于人们的协作和尝试很多是基于兴趣和自发的参与，尝试机会海量增加，尝试的方法和路径的重要性降低，尝试成本大大降低，也推动之后的选择成本持续降低。

正因为具备这些核心特点，社交化业务得以快速发展，并广泛覆盖了各个年龄段的消费者。根据 IBM 商业价值研究院在 2011 年进行的全球消费者调研，尽管年龄段在 18~35 岁的消费者是社交化业务使用的主流，但是年长的消费者（年龄段在 36~45 岁和超过 45 岁的消费者）与其差距并不大（图 4.1）。另一市场调研发现，在 Facebook 上，55 岁以上用户数增长最快，年均复合增长率超过了 40%。[2]

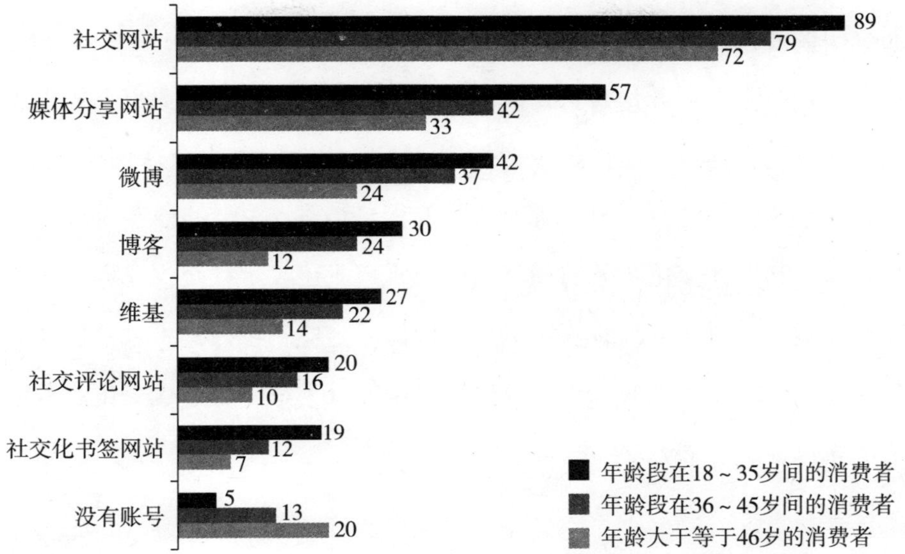

资料来源：《从社交媒体到社交 CRM》，IBM 商业价值研究院，2011。

图 4.1　各年龄段拥有社交类业务账号百分比统计

社交化业务发展改变消费者行为。首先，消费者生活日趋社交网络化。消费者将现实生活中的人际关系发展和维护转移到社交化业务中。根据市场调研显示，消费者使用社交网络最重要的三个目的是“联系老朋友”（53.9%）、“结交新朋友 ”（52.3%）和“寻找志趣相投的群体”（39.7%）。[3]其次，消费者将社交化业务提供的便利运用到生活的方方面面，不仅是娱乐生活，而且“衣食住行”也越来越依赖社交化业务提供的信息、建议和服务。例如，使用三种或以上数字搜索方式来购买产品的用户中，60%的用户都是从社交网站上了解到一个品牌或者零售商。70%的社交网络活跃成人用户都在网上购物；53%的社交网络活跃成人用户都追随一种品牌。[4]进一步，越来越多的消费者在社交化业务营造的氛围中实现精神上的追求。现实世界种种限制使人们存在多种遗憾。而在社交化业务中人们可以改变身份、相貌，拥有现实世界中无法拥有的能力，弥补人生中的缺憾。

正是由于消费者行为受到社交化业务的深刻影响，企业也在积极思考如何将社交化业务运用于业务发展和运营中。IBM 的全球调研显示，被调研企业中已经有近 80%拥有了社交网络档案，27%的被调研企业已经计划了利用社交化业务的预算，被调研企业还表示社交化业务改变了业务环境。近 70%的高管表示，如果他们的企业不参与其中，他们就会被抛弃，而超过一半的人相信，他们的竞争对手正在通过社交化业务成功地赢得客户（图 4.2）。

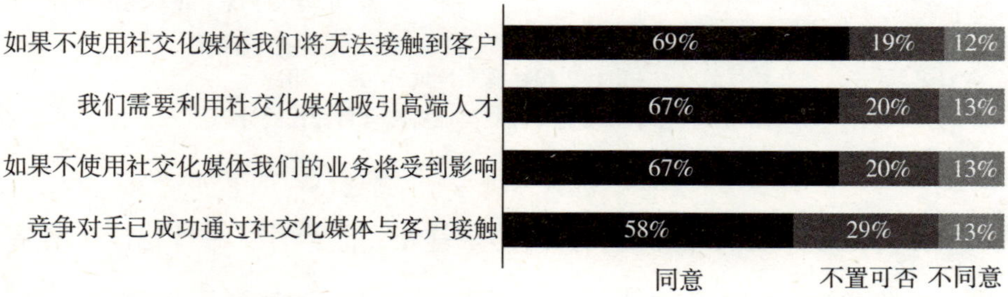

资料来源：《从社交媒体到社交 CRM》，IBM 商业价值研究院，2011。

图 4.2 企业参与社交化媒体主要原因调研

互联网社交化改变企业的外部发展环境

互联网社交化的澎湃发展深度改变了消费者行为，也深刻改变了企业的外部发展环境。企业需要关注四个方面的变化，思考其对业务和运营方面的启示。首先，社交化发展推动了互联网自组织模式发展。其次，社交化业务使得散落“小众需求”进一步聚集，从而小众聚集的“长尾”也成为有利可图的市场。再次，社交化业务营造的协作环境，使得消费者和生产者不断融合到价值交付的各个环节。最后，以企业为核心搭建的价值链也逐渐向以各方参与的价值平台演进，价值交付各方信息得以更畅通的分享，自组织模式逐步被运用，小众需求得到更多的满足，消费者的个性化能力得到更充分的运用。

互联网社交化发展促进自组织模式发展

互联网为全球消费者提供一个平等参与平台，消费者根据自己的需求、能力及资源在互联网平台上进行自组织的协作。社交化业务推动了自组织模式发展。通过社交化业务，消费者按照兴趣和自我需求组成不同协作团体。通过广泛高效地分享了解协作团体能力、资源情况和协作进展，进而更高效地选择协作对象和优化协作过程，最终使自组织更加高效地运行。美剧翻译联盟就是社交化自组织方式运用的典型案例。

案例　由美剧“粉丝”自组织翻译联盟完成美剧高效翻译[5]

美国电视连续剧是中国观众非常喜爱的娱乐节目，拥有众多“粉丝”。粉丝们希望能够同步观看每天更新的美剧。为了满足自身和拥有同样爱好的观众的需求，美剧粉丝通过社交化业务按照能力特点自我组织起来，进行片源收集、翻译、校对等一系列专业工作（图 4.3）。

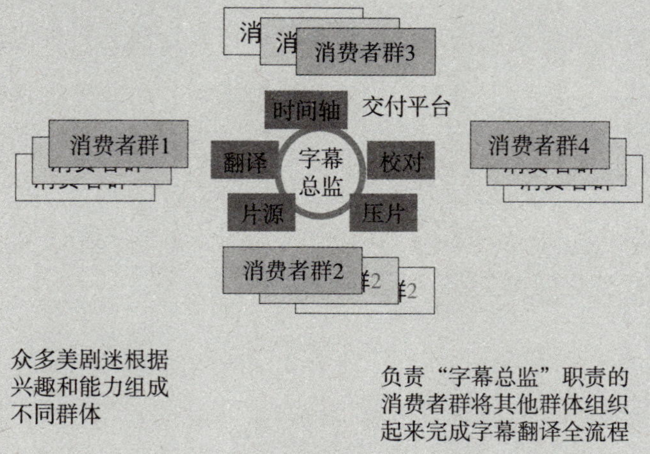

资料来源：《从社交媒体到社交 CRM》，IBM 商业价值研究院，2011。

图 4.3　由美剧“粉丝”自组织翻译联盟完成美剧高效翻译

首先美剧迷在社交网络上根据兴趣和能力组成不同的能力小组，有翻译、校对、时间轴等不同小组，还有字幕总监群体专门负责协调和质量控制。通过社交网络进行信息分享和能力积累，进而不断选择适合的消费者参与工作，使得整体翻译水平不断提高。美剧翻译联盟建立后就迅速壮大，在几个月内已达到几十万用户，翻译速度和质量不断提高。

四个方面的推动力促使社交化自组织模式形成。首先是消费者强烈的参与动力。其次是对价值链各环节的充分开放和重新解构。价值链开放使得消费者和各方能够参与到价值交付的过程中。价值链的重新解构使得价值交付的各个环节能够被分拆到不同群体构成的能力中心。同时，还需要协作意愿和协作信息被充分分享的环境氛围。最后，自组织模式还具有不断自我优化的能力。通过参与者海量尝试，使自组织模式各个环节被反复实践，使得整个生产流程被不断优化，质量和效率不断提高。

互联网社交化促进“小众”需求聚集

消费者持续追求个性化产品和服务，互联网发展使得消费者更方便地表达自己的个性化需求。而通过社交化业务，基于消费者的兴趣，个性化需求能够更有效地聚集。形成众多“小众”市场（Mass of Niche Markets)；进一步，通过好友和群体间分享，这些“小众”需求也能够更有效地传播，推动了下一轮的需求聚集，这样，“小众”迅速聚集，形成了有规模的“长尾”市场，使之也成为有吸引力的市场。

案例分析 Google AdSense 聚集零散和众多广告发布场所[6]

Google 通过 AdSense 联盟收集零散的广告发布场所，在 Google Adwords 上发布。当广告被点击后，广告主才需要向广告场所提供方付费。Google 通过其搜索和匹配能力提高广告的点击率，因而形成了广告阅读者、广告方、广告发布场所提供方和 Google 四方共赢的局面。Google 推出 Google +社交网站后，将 AdSense 功能集成。例如，用户可以通过点击广告上“+1”，向自己朋友分享推荐的广告。通过社交化业务分享和聚集能力，Google 为广告提供了更精确和更广泛的目标阅读人群，进一步提高了 Google AdSense 的覆盖面和效率。

互联网社交化发展促进消费者和生产者融合

互联网社交化的发展促进消费者之间及消费者和各类组织间的协

作，而社交化自组织模式推动了价值交付各环节向各类协作的开放，因而消费者能够根据自身的兴趣和能力参与到产品和服务交付的过程中。IBM 商业价值研究院的市场调研显示，消费者也有很强的意愿参与到产品和服务的共同创造过程中（图 4.4）。同时，企业也很希望将消费者引入价值链的各个环节中，以此增强和消费者的亲密程度，开发并提供更个性化的产品和服务，促进创新，并降低生产和服务成本。

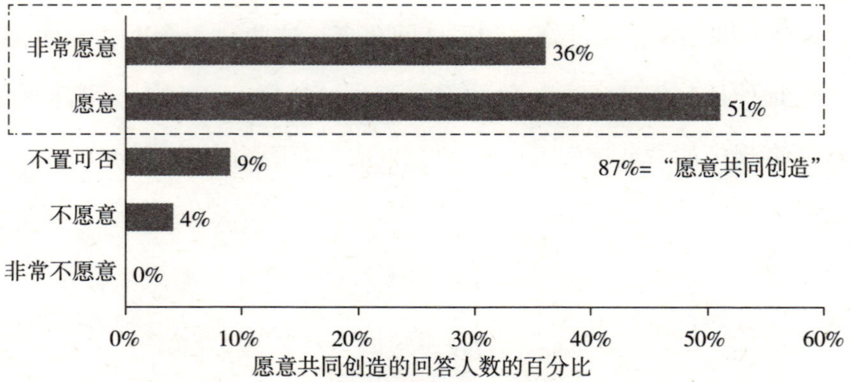

资料来源：《智慧的消费者》，IBM 商业价值研究院。

图 4.4　消费者参与共同创造的愿望

案例分析　可口可乐公司邀请消费者创造个性化饮料 [7]

可口可乐公司目前正在通过社交类业务展开个性化饮料推广。消费者可通过在社交网络及智能手机上的"随心调配"应用，使用该公司 125 种饮料来调配自己喜欢的饮料并为其命名，然后在调配饮料自动贩售机"随心调配机"上领取。消费者可以查询最近的"随心调配机"位置，或者申请在自己希望的地点增加"随心调配机"。目前在美国已经有大概 1500 台这样的机器。可口可乐公司正准备明年以更大力度推广这一活动。

互联网社交化促进价值链向价值平台演进

在企业搭建的端到端价值交付链环境中，企业作为核心推动产品和服务的交付，价值链各个环节信息交流主要通过企业来传递。参与交付的各方也受制于企业的组织和创造能力。互联网社交化发展帮助企业建立价值交付平台。以企业自己为主完成的价值交付过程转变为由企业和协作各方（包括消费者和各类组织）共同创新和协作完成。在这个平台上，企业通过制定清晰的业务模式和兴趣氛围吸引多方参与，通过社交化环境促进各方更直接和更高效交流、分享和协作，通过自组织模式或者企业主导方式进行共同创新和创造。各方潜能得以进一步释放。企业能够充分借助各方的力量为市场和客户提供更适合的产品和服务（图 4.5）。

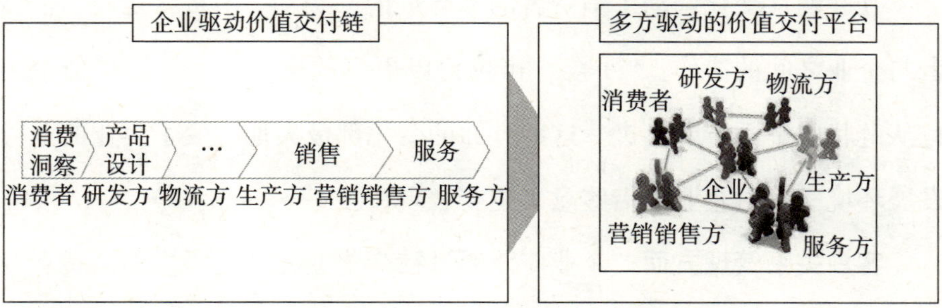

资料来源：IBM 商业价值研究院分析。

图 4.5　价值链向价值交付平台演进

案例分析　LUMINATE 建构价值交付平台[8]

LUMINATE 通过搭建图片分享展示平台吸引多方参与价值共建。它由图片发布者、分析专家、广告商和消费者构成。前三类角色可以是消费者、专业机构、商家等各种类型组织参与。LUMINATE 主要业务模式是图片发布者发布图片，分析专家提供图片中各类信息，包括图片中人物/物品背景介绍、购买信息、评论信息等。当信息被点击和商品被购买时，发布者、分析专家和 LUMINATE 的平台都会获利。LUMINATE 搭建了一个多方共同创造的价值交付平台，通过制定清晰业务模式和社交化兴趣氛围吸引大量参与者，通过社交化平台促进各方互动和分享，通过消费者和各方参与的自组织模式满足了众多“小众”累计成“长尾”的巨大需求。目前 LUMINATE 已经拥有超过 3 万亿图片库，1.5 亿独立用户月访问量和超过 4000 个合作企业 。

企业应当把握业务环境变化中的机遇

互联网社交化调动了消费者的参与热情，激发了消费者之间、消费者与企业之间的协作，“小众”市场得以更好的聚集和服务，价值交付也从链状向平面方向演进。这些方面的变化都极大地改变了企业的业务发展环境。它对企业的借鉴意义主要表现在：

客户关系管理方面 企业应该通过社交化业务环境积极和消费者互动，利用消费者的力量进行营销和销售活动，营造创新和协作的氛围让消费者决定自己需要的产品和服务，参与产品的设计和创新。

研发创新方面 企业应建立社交化的创新环境，吸引消费者和各类组织合作方参与，共同激发创新能力指数级的增长。

价值交付方面 企业应不断洞察消费者和合作方能力、资源的特点和变化，根据自身、消费者、合作方的能力和资源对价值链进行解构和开放，搭建价值交付平台，建立清晰的共赢业务模式，利用多方力量从大规模制造向大规模定制转变，充分满足“小众”市场需求。

人力资源方面　企业应关注到互联网社交化为其带来的开放和协作的氛围和文化，并运用到人力资源管理、知识管理和文化建设上，有效地促进效率提升和对业务的响应能力。

社交化业务模式为企业带来四方面价值

互联网社交化趋势下谋划社交化业务模式

为了充分利用互联网社交化带来的机遇，企业需要对现有业务模式进行转型，改变目前以自己为主的业务发展和价值交付模式。

IBM 商业价值研究院认为，企业可以通过发展社交化业务模式来把握互联网社交化的机遇。社交化业务模式组成如图 4.6 所示。

社交化业务模式由四个参与方和一个业务交付平台构成。这四个参与方分别为消费者/企业客户参与方、企业内部产品/服务价值交付方、外部企业/组织/社区（由消费者或组织构成）价值交付方和企业内部平台管理方。业务交付平台是通过四方共同参与进行具体产品和服务交付的场所。业务交付对象可以是具体的产品、服务或创新建议，等等。

社交化业务模式运作的原理是以自组织模式为基础。参与方向业务交付平台提出业务交付需求（提出方可以是外部消费者、外部企业或企业内部等），在业务交付平台的规则指引下，企业内部和外部价值交付参与方根据自身能力按照自组织原则组成动态价值交付链，完成价值交付。价值交付完毕后，各个价值交付资源被释放。业务交付平台对各方交付能力进行持续评估，不断优化价值交付参与方选择和交付质量。

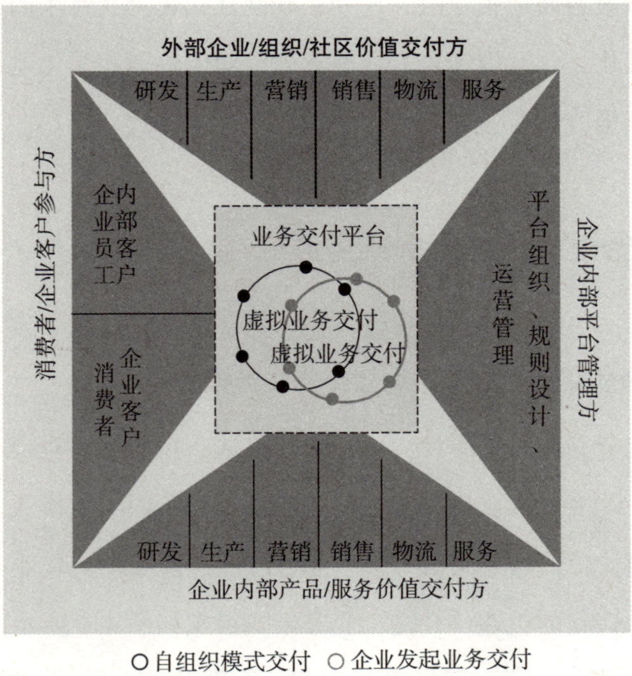

资料来源：IBM 商业价值研究院分析。

图 4.6 社交化业务模式

社交化业务模式运作的主要基础条件包括对价值链进行重新认识和解构，充分开放价值链，使得参与各方能够在公平和充分竞争的条件下参与进来。为了充分参与解构价值交付过程，内外部的价值交付参与方应把自己的交付资源按照一定的标准模型形成不同的能力中心，以便在价值交付过程中更灵活地进行资源组合和配置。最后，社交化业务模式还需要明确的共赢的商业模式吸引各方广泛参与，以及对社交化协作环境进行有效的管理。

在社交化业务模式下，四个参与方主要过程和作用见表 4.1。

表 4.1　社交化业务模式四个参与方主要作用

参与方名称	参与方主要构成	主要作用
消费者、企业客户参与方	消费者、企业内部员工、企业客户	通过社交网络等参与平台互动、分享和评论等，可以向平台提出个性化需求和创意，可以按照兴趣和自身能力特点参与需求的生产与交付等
企业内部产品、服务价值交付方	企业内部在产品服务交付环节上的各部门	形成能力中心，为内外部需求提供产品服务交付各环节能力，按照平台规则和各方共同参与价值交付，积极参与平台互动和创新，向平台运营提供必要信息等
外部企业、组织、社区价值交付方	外部价值交付参与方，包括外部企业，各类组织和消费者组成的社区团体等	形成能力中心，为内外部需求提供产品服务交付各环节能力，按照平台规则和各方共同参与价值交付，积极参与平台互动和创新，向平台运营提供必要信息等
企业内部平台管理方	企业管理层和后台支撑部门	决策平台发展方向，制定明确共赢商业模式，为平台运营设定规则，为各个参与方进行能力模块划分，对平台交付质量进行管理，对平台运营进行管理和优化，提供平台需要的信息化基础和应用平台管理和运营等

资料来源：IBM 商业价值研究院分析。

业务交付平台是社交化业务模式的核心。业务交付平台聚集了消费者及各方资源，产生丰富的需求和创意，企业、外部合作方和消费者融为一体。业务交付平台有四个方面的主要作用。首先，这个平台建立开放、创新的环境。它基于社交化模式组织聚集各方资源，管理客户关系，提供开放、分享、协作的生态环境；各方思想创意充分交流碰撞，为创新提供良好的环境。其次，它提供共赢机遇，定义明确的业务交付内容，提供明确的共赢商业模式和一定的规则指导，从而能够吸引众多的参与方加入平台的创新生产过程。其三，它保障交付质量。在平台商业模式和规则指引下，生产交付流程向参与各方开放，满足消费者和各方提出的需求，以“自组织”模式为基础，根据能力中心配置，组成虚拟价值链进行产品/服务交付，实现更灵活的交付。当符合质量要求交付完毕，各方资源被释放。企业也可以根据企业需求主动组织各方力量在业务交付平台进行产品和服务的交付。其四，它进行有效管理。平台对交付质量进行统一管理，保证需求方得到统一的用户感受；平台提供海量丰富的消费者、合作方、运营方等方面的数据，为企业进一步优化平台和满足需求提供了数据依据。

业务交付平台是社交化业务模式重要的战略控制环节。企业需要设计明确共赢的商业模式，吸引消费者和各方积极参与，提供体验良好的开放协作环境，和有效的平台管理能力。

社交化业务模式培育内外部基于信任的协作关系，由此产生共同的商业价值，达到共同成长、创新和提高效率的目的。社交化业务模式应具备四个方面的基本特征。

创新性：一个聚集人才、激发创意并充分分享的创新环境

一致性：和企业发展愿景一致并能够传递统一的品牌精神

促进性：促进每个参与个体共同协作和创造，推动业务发展

普及性：能够在任何地方任何时间以最有效的方式提供社交化协作环境

案例分析　苹果应用商店运用社交化业务模式原理取得巨大成功[9]

苹果应用商店正是以社交化业务模式原理为基础运营的。苹果应用商店以应用商店为业务交付平台，业务交付内容为苹果各类应用，它通过分成模式和提供开放互动协作创新环境吸引大批消费者

和企业自由地在平台上开发、推广和销售苹果应用。苹果应用平台为开发者提供开发基础环境、平台使用数据，帮助其开发更好的应用。苹果也为消费者提供各类工具便于其和开发者互动和选择。

苹果应用商店社交化业务模式的四方参与者是：

1）消费者方：消费者和企业用户可以通过排行榜、搜索等方式进行选择、购买和下载应用。在平台上和其他参与方进行互动，与苹果应用开发者互动、提供反馈建议，等等。

2）苹果公司应用开发能力提供方：苹果公司应用内部开发团队，利用应用交付平台为消费者提供各类应用。同时，把应用外部开发方所需要的能力通过开发接口（API）开放出来，以使外部开发方能为消费者开发各类应用。

3）苹果应用外部开发方：由苹果应用外部开发企业、消费者、消费者联盟等各类团体共同组成。利用应用平台提供的开发环境、交易环境和互动环境为消费者提供种类繁多的应用。这些参与者独立完成所有的开发工作或相互结合或和苹果公司开发者共同组成开发联盟进行应用的开发。

4）苹果应用平台管理方苹果公司：制定平台业务模式和平台运营规则和流程，对平台运营进行管理、维护和优化，决策平台未来发展方向等。

社交化业务模式为企业带来四方面价值

搭建社交化业务模式将为企业的业务拓展和运营带来飞跃性发展。具体从四个方面价值来体现：深化消费者/客户关系、提高创新效率、提高交付效率和提高人力资源效率（图 4.7）。

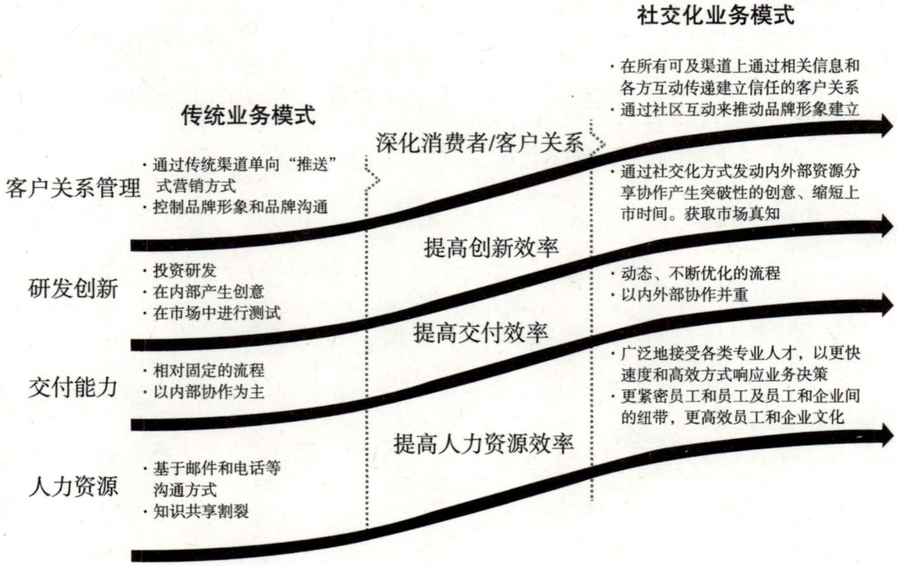

资料来源：IBM 商业价值研究院分析。

图 4.7　社交化业务模式带来四方面价值：深化消费者/客户关系、提高创新效率、提高交付效率和提高人力资源效率

1. 社交化业务模式价值 1：深化消费者/客户关系

通过社交化业务模式，消费者和企业全面融合，企业营销销售变“推”为积极聆听、借势而为，和消费者共同营造消费需求，建立更加信任的关系。社交化业务模式帮助企业深化消费者洞察：通过社交化媒体广泛地与消费者、客户和企业员工进行互动，不仅可以进一步贴近消费者，积累海量客户数据，而且可以通过消费者孕育更多创新能力。社交化业务模式能有效提高品牌影响力：在社交化业务模式下企业营销和品牌建设更倚重社交化媒体，通过消费者主动自愿的参与、评论、分享来提高品牌认知度和影响力。社交化业务模式能有效促进消费者对企业和品牌的归属感和拥有感：在社交化业务模式中，消费者和客户和企业内部相互融合，消费者和客户成为创新、决策、生产者的一部分，消费者和客户进一步决定他们的需求，对企业更有归属感和拥有感。最后，社交化业务模式能够更好地调动员工积极性，激发员工主观能动性，成为企业和品牌的最有效宣传者。

案例分析　UNIQLO 通过社交化平台提高品牌影响力[10]

UNIQLO 成功利用社交化平台创造消费风暴，提高品牌知名度。首先，UNIQLO 在社交平台上设计了非常有趣的激励规则，消费者可通过登录社交化平台看到 UNIQLO 陈列的服装产品。当有人使用社交化手段推荐某件衣服时，这件衣服的售价就会降低。只要你拥有社交账户，就可以在网站上选择一件衣服，点进去，网站就会告诉你目前这件衣服有多少条推荐，售价多少，折扣又是多少，距离最低价格还差多远。活动结束后，不仅不少商品都降至最低折扣，而且 UNIQLO 也增加了大量的粉丝。

2. 社交化业务模式价值 2：提高创新效率

社交化业务模式将消费者、合作企业、科研机构等多方引入创新，为创新提供丰厚的土壤，大大提高创新效率（图 4.8）。在清晰的规则指引下，在有效的管理和良好的协作氛围下，有众多背景和海量参与者的社交化创新平台将帮助企业得到更多的创意，进而筛选出更具变革性的创意。它能够帮助企业更广泛接触创新人才，甚至是成本更低的人才。在这样的创新平台上，企业将有效地提高创新速度和降低创新成本。

案例分析　BestBuy 利用社交化平台充分调动员工潜能，提高销售预测准确度[11]

作为零售商，BestBuy 需要准确地对销量进行预测。BestBuy 原有的预测方法的准确度有时甚至有 10%的误差，这给提高公司业绩带来不小的麻烦。BestBuy 决定充分调动员工的力量来提高预测准确度。开始它通过邮件系统等途径鼓励员工参与预测和分享收获，随着参与人数的不断提高，预测的准确度不断提高，最高甚至是原有系统的 10 倍。BestBuy 通过这一尝试看到了内部员工在创新上的无限潜力。进一步通过建立协作社区等手段将员工创新转变为一项常规工作，让员工创新的力量渗透到企业各个层面。

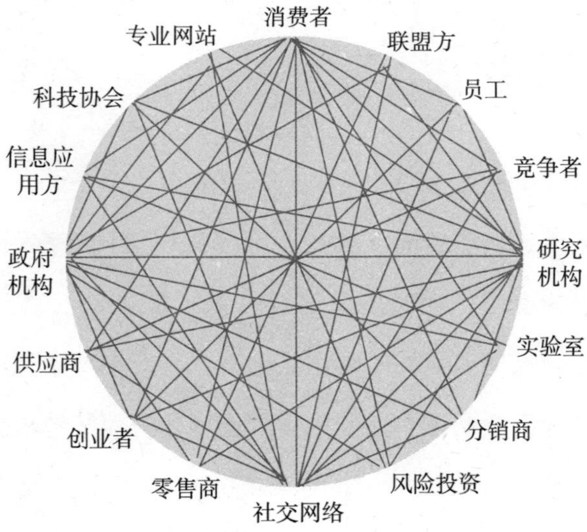

图 4.8　社交化业务交付平台是多方参与的创新平台

3. 社交化业务模式价值3：提高交付效率

价值交付由链状向平面演进，参与方也根据业务交付平台的标准，形成不同能力中心，根据交付任务的不同，以“自组织”方式为基础，组成动态价值链进行价值交付。社交化业务模式这样的交付方式，有利于信息充分分享，便于分析和改进，推动获得更灵活、更低成本、更高效率的交付能力，而且使资源和能力得到更优化的配置。通过开放和吸引众多的参与者，达到了价值交付资源优胜劣汰的目的。通过将消费者引入价值交付，也提高了个性化产品和服务的交付能力。

案例分析 Gigalocal——自组织服务[12]

Gigalocal是德国的一家通过社区和自组织模式提供本地化服务的公司。Gigalocal的业务模式是消费者在其网站上张贴服务需求，例如：需要在某时某地租自行车，能够满足其需求的消费者或组织可以在其网站上规定的期限内进行竞标交易，从而将需求方和供应方联系在一起。在服务完成后，服务需要的资源被释放。进一步，服务供应者通过历史记录累积能力和信用等级，自然形成一个个服务能力中心，而需求方需要本地服务时，可以查询附近服务能力中心，根据其历史记录进行选择。Gigalocal的业务模式本质是通过自组织模式将散落在各处的服务能力和无处不在的服务需求进行匹配，并通过不断的尝试对服务资源进行选择和优化。服务完成后立即释放资源，节省了维护成本。同时这一模式充分满足了运营的灵活性和个性化需要。

4. 社交化业务模式价值4：提高人力资源效率

社交化业务模式充分将社交化特征引入人力资源管理，革命性地提高了人力资源管理效率。它可帮助企业进行动态人力资源管理，通过各类型人才社区，更容易寻找和接触各类型人才，并根据业务需要迅速招募或组成临时业务团队；可以帮助企业增强内外部协作，通过建立社区化的协作分享环境，促进与消费者/客户间的、合作伙伴间的、供应商间的等各类协作；可以帮助企业升级知识管理，通过基于社交关系的知识管理，提高知识搜索的速度和效率；可帮助企业培育创新协作文化，利用社交化的多种形式主动改变员工行为，鼓励大规模协作，让参与者享受和更加主动参与创新。

IBM 建立系统化社交环境，提高人力资源效率[13]

在动态人力资源管理方面，IBM 建立基于业务和兴趣的人才内外部社区，通过书签等方式促进沟通，方便寻找和接触各类型人才，并根据业务需要迅速招募或组成临时业务团队。在增强内外部协作方面，IBM 开发了多种社交化应用，例如：Blue Pages，Small Blue，Blue-IQ 等多种应用，帮助员工定位内外部资源组成虚拟团队，再利用社区、虚拟世界（IBM Active World）等进行协作。在知识管理方面，IBM 更重视基于真实人际关系的知识管理。例如：每个文档都会有详细的建立者、评论者、分享者、改进者等名单。知识搜索结果会建议基于人际关系的联络知识专家的路径等。在培育创新文化方面，IBM 建立有利于创新协作的环境，致力于员工主动改变行为。例如：IBM 全球创新活动“Innovation Jam” 鼓励在职和退休员工、他们的家属、IBM 客户、IBM 合作伙伴等多方一起参与创新。每次"Innovation Jam"都有超过 10 万人参与，提供几万个创新建议，被选择的 10 项建议可获得 1 亿美元的资金资助。

企业构建社交化业务模式的路径

众多企业积极行动，尝试构建社交化业务模式

由于社交化业务模式将为企业带来腾飞机遇，众多企业已经开始积极思考并尝试社交化业务模式，积累了宝贵的实践经验。

在互联网企业中，Amazon、Ebay、Google、Facebook 等公司都在积极建立社交化业务模式和搭建社交化业务交付平台。例如：Ebay 正在积极建设X. commerce平台为成千上万的电子商务卖家提供电子商务个性化服务交付平台。Ebay 通过 Ebay 及 Ebay 旗下的多家电子商务网站吸引众多卖家在X. commerce平台上关注、分享和提交个性化电子商务服务需求，使用和评价个性化电子商务服务应用。在交付能力上，Ebay 将内部服务能力，如 Paypal、RedLaser、Magento 等业务能力，标准化成各类能力中心，使之能够参与个性化服务的交付。同时，Ebay 也将服务交付向独立开发者和企业开发者开放，让外部有意愿和能力的参与者参与进来。在 X. commerce 平台上，通过各方参与，基于需求和自组织原则进行个性化电子商务服务应用的开发和应用。Ebay 对 X. commerce 平台的交付规则、交付质量和盈利机制进行定义和管理。X. commerce 平台是社交化业务模式的最新实践。[14]

在非以互联网为起点的公司中，也可看到许多有影响力的企业积极

尝试社交化业务模式。宝洁公司就是社交化业务模式实践的成功者之一。21 世纪初宝洁公司遇到增长挑战，宝洁公司决定利用社交化方式建立开放的研发体系，改进和推出新产品来支撑每年至少 50 亿美元的增长需求。为了达成目标，宝洁公司设立内外部全球社区化网站，用于参与创新各方提交建议、分享和互动。同时，宝洁公司邀请一切可能的各方参与创新，包括所有消费者、在职/退休员工、战略联盟、供应方、研究机构，甚至是竞争对手等。宝洁公司内部也进行组织文化变革，建立网状创新管理组织管理众多的创新建议，培养管理开放式创新的流程、机制和能力。实施变革后，宝洁公司的研发生产力提高了近 60%，创新成功率提高两倍多，而创新成本下降了 20%[15]，有力地促进了公司业务的增长。

IBM 认为社交化业务模式将是未来企业发展方向，并建立专门组织对此进行研究探索，内容涉及从企业战略到战略实施、文化变革、主要能力建设和技术需求等多方面。通过 IBM 自身实践及对多个社交化业务模式转型案例的研究，IBM 认为，设计转型路径至少要做四个方面的考虑。

战略目标决定社交化业务模式转型起点　需要根据企业战略目标确定社交化业务模式转型的路径。例如：IBM 主要目标是提升人力资源管理、提高创新效率和解决复杂系统交付；宝洁公司是变革创新体系。

制定明确的盈利模式　社交化业务模式需要为参与各方设计明确的盈利模式，这是吸引和维持大量参与者的关键。例如：IBM 通过共同市场开发取得共赢；美剧翻译联盟为众多参与者提供兴趣释放空间；宝洁公司为参与者设立明确的奖励制度。

良好的社交化用户体验和协作环境　社交化业务模式需要为参与者

提供尽可能多的参与手段和良好的参与体验，确保充分的分享和协作。例如：IBM 通过 Small Blue，Blue-IQ，Active World 等多种方式提升人力资源和创新效率；BestBuy 不断改进和提升社交化工具和手段。

有效的管理体系和文化变革　社交化业务模式需要变革管理体系，在多方参与环境中为客户提供一致的体验和效率的不断提升；同时也要实施文化变革，为新模式建立提供适当的氛围和环境。例如：宝洁公司建立网状创新管理体系对创新参与者进行管理，美剧翻译联盟则通过市场竞争决定参与者资格。

通过四阶段建设逐步实现社交化业务模式价值

IBM 建议企业通过战略设计、战略举措制定、执行动员和执行管理以及执行优化四个阶段建设逐步实现社交化业务模式价值。每个阶段都应该紧紧围绕企业的战略意图进行。

战略设计阶段　按照战略意图决定社交化业务模式价值实现优先级；为优先实现功能进行业务模式、业务规则、关键流程等设计；

战略举措阶段　根据战略设计建议具体的战略举措，包括组织设计、社交化工具建设、职能关键流程设计、信息化系统建设等；

执行动员和执行管理阶段　帮助管理层和员工理解社交化业务模式的价值，积极转变行为，配合新的组织、流程和工具的实施；推动内外部参与方积极参与各种形式的协作和创新模式；逐步建立社交协作文化；

执行优化阶段　建立社交化业务模式的业务分析系统，包括社交化协作参与度、社交化消费者洞察、社交化创新管理、社交化业务交付效率等，并不断进行改进。

然后根据每个阶段的主要目标规划每个阶段的主要工作，如图 4.9 所示。

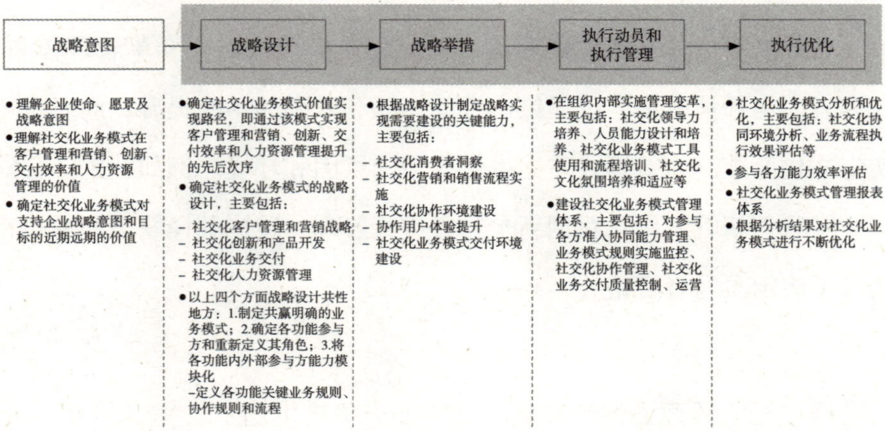

资料来源：IBM 商业价值研究院分析。

图 4.9 社交化业务模式建设四个阶段的主要工作

不同行业实现社交化业务模式的优先级建议

在向社交化业务模式转型的战略设计阶段，企业需要选择价值实现的优先级。当企业所在行业不同时，优先级实现的选择会有所不同。我们按照产品/服务数字化程度和消费类产品比重这两个维度对行业进行划分。以产品/服务数字化程度作为维度的主要原因是，它决定了价值链开放的难易程度，即数字化程度越高，价值链开放的可能性越大，社交化业务模式的价值实现越便利。以消费类产品比重作为另一维度的主要原因是，消费类产品比重越高，消费者在目标客户中的比例越高，消费者参与业务交付平台的可能性越大。随着消费者数量增多，业务交付平台参与方将呈指数型的增长，有利于社交化业务模式价值最大限度的释放。采用这两个维度，我们将行业划分为四大类（图 4.10），建议这四类行业社交化业务模式价值实现战略优先级分别为拔得头筹、变革前沿、交付为先和由内向外。

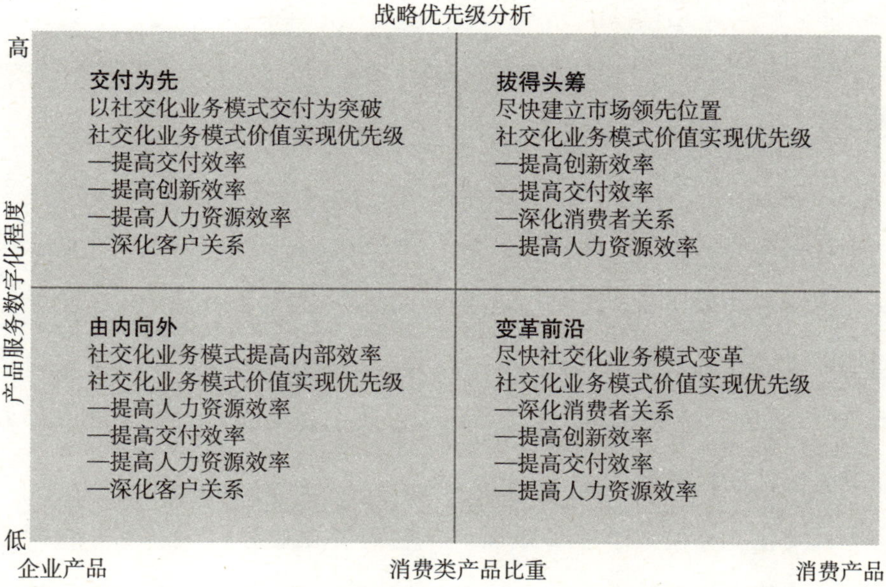

资料来源：IBM 商业价值研究院分析。

图 4.10　不同行业实现社交化业务模式价值的优先级建议

拔得头筹　高产品服务数字化程度和消费类产品的属性使得该领域的企业可以全面利用社交化业务模式价值。该领域的企业需要面对的挑战是如何利用社交化业务模式建立领先的市场地位，筑起准入门槛。

变革前沿　该领域企业由于产品服务数字化程度较低，因此价值链开放程度受限。该领域的企业正在积极变革，力图在社交化业务模式中首先通过客户关系管理、创新的突破取得市场领先优势。

交付为先　该领域企业产品数字化程度高，但是由于主要客户是企业客户，交付环节开放更容易控制。处于该领域的企业应该积极寻求社交化业务模式中交付价值的实现，提高企业的市场竞争力。

由内向外　受限于产品服务数字化程度和消费者参与程度，企业应该积极创造社交化的工作环境和文化，提高人力资源效率，并谋求通过社交化业务模式提高交付效率的机会。

结语

互联网社交化发展深刻地影响了消费者行为，也改变了企业业务发展和运营的外部环境。社交化业务模式在这一趋势下逐渐产生。企业应当积极思考社交化业务模式对自身的适用度和优先级，抓住深化消费者/客户关系、提高创新速度、提高交付效率和提高人力资源效率等方面的突破性创新机遇。

社交化业务模式不能一蹴而就，它需要在业务模式转型、管理能力、技术能力和变革能力等方面持续的建设。企业首先要确定社交化业务模式价值实现优先级，进而确定该模式战略落地的具体措施，进行管理和文化变革，并持续对行动计划进行跟踪和优化。发展的新机遇和起飞的新平台已经打开，企业应迅速行动起来，逐步实施社交化业务模式。

作者

温晓华 IBM 全球企业咨询服务部副合伙人，智慧商务解决方案负责人，他的邮件地址是：wenxiaoh@ cn.ibm.com

祁剑 IBM 商业价值研究院咨询经理，她的电子邮件是：qijqij@ cn.ibm.com

王雁 IBM 商业价值研究院资深顾问，她的电子邮件是：ywangbj@ cn.ibm.com

合作者

甘绮翠，IBM 中国商业价值研究院院长

致谢

张力阳，IBM 全球企业咨询服务智慧商务解决方案高级咨询经理

参考资料

1 CNNIC 中国互联网络信息中心和腾讯公司 2010 年财报。

2 市场调研机构 Wedbush DecisionMetrics 对美国大约 2500 名年龄在 18 岁以上的受访对象进行调查结果。

3 DCCI 中文互联网数据研究资讯中心，2010 年社交网络用户使用目的统计。

4 尼尔森《2011Q3 社交媒体报告》。

5 第一财经日报“被粉丝改变的商业模式”。

6 Google 官方网站资料整理。

7 V-MARKETING 成功营销“Facebook 上的可乐‘随心调配’”。

8 美国《FASTCOMPANY》“Google-Backed Pixazza Launches Image Apps,” Rebrands As Luminate.

9 苹果官方网站资料整理。

10 UNIQLO 官网淘宝网旗舰店“N 次方：微博优衣酷‘团购’引领社交化电商新行”。

11 加里·哈默《管理大未来》。

12 中国软件网等多方公开资料整理。

13 IBM 公司资料。

14 Ebay 官网和 X. commerce 官网资料整理。Paypal：Ebay 旗下专注各类支付业务的分支机构。RedLaser：Ebay 旗下提供各类条码识别和搜索业务的分支机构。Magento：Ebay 旗下提供各类电子商务网站建设及相关应用的分支机构。

15 美国《商业周刊》2007 年全球最具创新能力企业排行榜。

第 5 章

社交化业务重构产业格局

——从“亲力亲为”实干家到“协作共赢”组织者

文/祁剑，詹颖，张俐

执行摘要

社交媒体自诞生以来，呈现出高速增长和持久活跃态势。人们的生活方式也正在被社交趋势深度影响。商业领域正积极地思考和讨论如何运用这一趋势进行业务创新并创造价值。

IBM 商业价值研究院持续关注和研究社交化趋势带来的变革力量，陆续发表了《社交化业务模式》《新兴的社交业务》等研究报告。在研究过程中，我们发现学术界和企业界对社交化业务的定义、应用范围和实施路径普遍缺乏系统的理解和认识。不全面的认识严重影响了社交化业务释放其应有的潜力，使企业错失市场和升级机遇。

我们认为，社交化业务将重构产业结构和企业业务模式及运营模式，使企业有机会为每位消费者提供个性化产品和服务。营销和销售不再以推广企业的愿望和需要为目的，它将被每个消费者的意愿和需求推动。个人将有更多的时间从事自己有兴趣和有专长的领域。组织建设更加开放，组织和部门间协作壁垒降低，协作效率大幅度提高。产品创新将基于全球丰富的开源资源，和富有激情的创客①、同行业和跨行业专家及合作机构共同为每个消费者设计个性化的产品。生产和服务交付领域将具备大规模提供个性化产品和服务能力。社交化业务由互联网发展而兴起，正在影响和变革实体产业。

本报告研究社交化业务对企业的价值，并向企业建议可行的实施路径。报告分为两个部分。第一部分首先讨论社交化业务定义、形成的基本要素及其价值。企业运用社交化业务需要从三个方面进行：社交化业务模式设计、重点战略运营领域部署和社交技术支撑。报告第一部分包括社交化业务模式和社交技术的论述和分析。报告第二部分则重点勾画未来社交化企业蓝图和运营模式，及如何在五个关键运营领域，包括人力和组织管理、产品开发、生产和服务交付、营销和销售，落实这一蓝图。

社交化业务是指在活跃的社交环境中，参与者利用社交化大协作达成所有协作者共同的目标。社交化业务形成的两个基本条件是构建活跃的社交化环境和促进并繁荣社交化协作。鲜明的“身份”特征和良好用户体验的连接能力是构建活跃社交环境的关键。活跃的社交环境吸引了足够多的参与者进行分享，分享的海量信息极大改变了信息的透明度，促成了社交化协作形成的三个基础：共同的利益推动参与者进行社交化协作、社交化声誉释放社交化协作的规模、参与者分享的资源为社交化协作提供了物质基础。

社交化业务模式需要企业从“亲力亲为”的实干家向“协作共赢”的组织者转型，即企业需要从以自己为核心构建的价值交付体系向通过

① 创客：来源于英文单词“maker”，指主要以满足兴趣和爱好为目的，通过自我创造的方式，把创意转化为现实的人。

构建社交化协作环境，组织各方资源协作完成价值交付的组织者方向转型。组织者将消费者、员工、合作伙伴吸引到社交环境中，并提供协作工具和流程，促进各参与方的全面协作。

社交化业务带来的变革力体现在四个方面：

个性化需求和规模化交付的统一 两者间存在的矛盾使其很难有效地被真正实施。社交化业务为消费者提供直接进入价值交付全过程的机会，为探索个性化需求和规模化交付的统一提供了可行的路径。在社交化业务中，消费者自我参与满足自我个性化需求从模式上根本降低了个性化交付的成本，而数亿消费者的积极参与和技术的发展（包括大数据、新材料、3D打印机的发展等）正在不断创新地解决交付的规模化问题。

社交化协同促成产业形成新的共赢生态体系 社交化业务推动产业组织者出现。产业组织者将产业中不同行业企业聚集在社会化环境中，大企业和小企业借助组织者提供社交化环境相互分享资源，进行社交化协作，形成共赢生态系统。企业间关系从上下游向合作伙伴方向转化。

消费者与消费者协作减少购买需求 社交化业务提供了消费者间直接协作的平台。消费者可以通过使用其他消费者分享的资源，或与其他消费者交换来满足需求，而不是通过购买获得。这会减少消费者购买行为，一定程度上使市场增长放缓。

无边界组织创新 社交化业务模式改变了企业和员工间的关系，它增强了企业和员工间的双向交流，使得组织有机会以员工兴趣和专长来分配工作，释放员工工作主观性，提高内外部协作效率，建立外部动态人才库，以微型组织运营巨型业务。

这四方面的变革力将重构产业格局并创造全新的业务模式。企业应充分利用这些变革机遇，进行业务模式创新，改变产业地位，领导行业进步。

社交技术是社交化业务实施的基础。云计算和大数据处理平台是整个社交化业务的支撑平台，在此之上的社交化技术按应用领域可以分为三个主要方面，包括社交数据分析、社交用户体验以及社交协作技术。这些技术从不同角度支撑和保证企业在构建社交化业务时所需要的关键能力。

社交化业务在中国还处于发展早期，许多中国企业已经意识到发展社交化业务的重要性，但对其为企业带来的业务和文化的变化准备不足。社交化业务在中国的发展主要面临来自对社交化业务内容和范围理解及应用方法、社交技术应用、监测和衡量效果、风险管理与隐私保护、治理结构和政策，以及管理层支持这六方面的挑战。

企业应周密部署，科学设计，并系统规划实施路径，从而保证社交化业务实施的成功。企业的社交化业务转型应该分成三步：1）模式设计，即根据公司的总体战略进行社交化业务模式的设计；2）开展项目，即分步骤在关键的运营领域开展社交化转型的项目；3）整合提升，即整合多个领域的社交化业务项目，逐步完成向社交化企业的升级。

蒸汽机的发明使人类文明进入了工业时代，火车、汽车等交通工具的应用推动了第二次工业革命。作为业务模式，社交化业务将和新兴技术（包括新材料、新能源、新生产工具等）一道触发第三次工业革命，将人类文明发展向前推动。希望本文能帮助企业家关注和理解社交化业务，借社交化业务大势，推动企业战略和愿景实现，提前为未来做好准备。

社交化业务：“人尽其才，物尽其用”的社会化大协作

社交媒体自诞生以来，一直保持高速的增长和持久的活跃度。中国互联网络信息中心（CNNIC）报告显示，截至2012年12月底，中国使用社交网站的用户规模已经达到2.75亿，占互联网用户比例达到48.8%。人们的生活方式也正在被社交趋势深度影响。商业领域也在热烈思考和讨论如何利用这一趋势进行创新、创造价值。

IBM商业价值研究院持续关注和研究社交化趋势带来的变革力量，近年来陆续发表了《社交化业务模式》《新兴的社交业务》等研究报告，讨论企业如何运用社交化力量加速创新。在研究过程中，我们发现学术界和企业界对社交化业务定义和应用缺乏系统的理解和全面的认识。例如：把社交化业务等同于社交化营销或社交化商务；认为实施社交化业务就是建立一些社交媒体；大而化之地把社交化业务应用领域归类于消费品相关行业，认为其对制造等传统行业影响较小。这些不全面的理解导致了社交化业务不能充分释放其应有的潜力，使企业错失市场和升级机遇。

我们认为，社交化业务将重构产业结构和企业业务模式及运营模式，使企业有机会为每位消费者提供个性化产品和服务。它不仅为前台业务例如营销和销售带来新的创新机会，而且对企业的后台运营，如人力资源、生产和服务交付、产品创新等领域也存在广阔的创新空间。营销和销售不再以推广企业的愿望和需要为目的，它将被每个消费者的意愿和需求推动。个人将有更多的时间从事自己有兴趣和有专长的领域。组织建设更加开放，组织和部门间协作壁垒降低，协作效率大幅度提高。产品创新将基于全球丰富的开源资源，和富有激情的创客、同行业

和跨行业专家及合作机构共同为每个消费者设计个性化的产品。生产和服务交付领域将具备大规模提供个性化产品和服务能力。社交化业务由互联网发展而兴起，正在影响和变革实体产业。

社交化业务是指在活跃的社交环境中，参与者利用社交化大协作达成所有协作者共同的目标。社交协作参与者分为组织参与者和个人参与者。组织参与者指所有类型的组织，包括营利性企业、非营利性组织、教育机构、社会团体等；个人参与者指所有参与的个人。在传统业务中，各类组织集中占用生产资源和工具并主导使用，一直在产品和服务交付中占据强势地位。社交化业务将分散的个人参与者和资源有效地组织在一起，数亿个人消费者的合力在产品和服务交付中将拥有更多控制权，起到举足轻重的作用。

社交化业务的形成需要具备两个基本条件：活跃的社交化环境和社交化协作。活跃的社交化环境可以为参与者提供鲜明“身份”特征和良好用户体验的连接能力。社交化协作则有赖于三个重要基础：共同利益参与者的聚集、社交化声誉的建立、参与者分享的协作资源（图 5.1）。

社交化业务的基本要素之一：活跃的社交化环境

活跃的社交化环境是指在一种或多种社交媒体构成的社交环境中有足够多的参与者持续地进行社交类的活动。在该环境中，社交活动是参与者行为的基本状态。参与者是否“足够多”是相对于社交协作类型而言。例如，进行创意推举，几千人甚至几万人的参与者可能也不算“足够多”。而在以地理为属性形成的社交环境中寻找上下班分享交通工具的同行者，几百人甚至几十人的参与也“足够多”了。

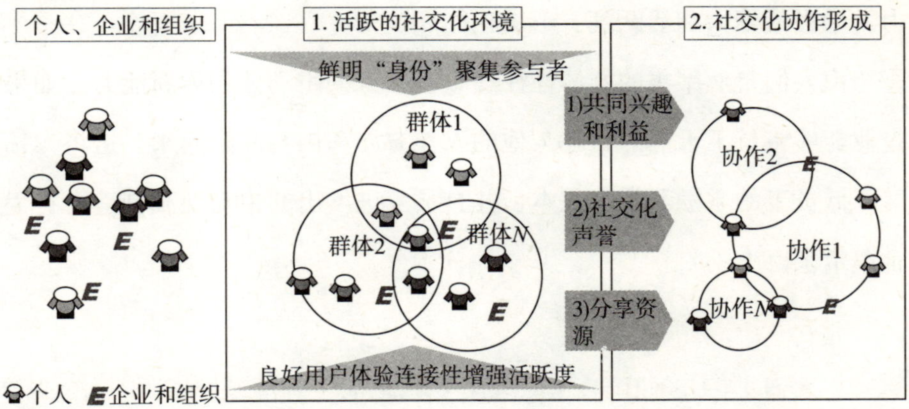

资料来源：IBV分析。

图5.1　社交化业务的两个基本条件和三个基础

构建活跃的社交化环境需要两个核心要素：第一是需要为社交化环境构建鲜明的“身份”特征（Identity）；第二是需要为参与者提供良好用户体验的连接能力（User-friendly Connectedness）。

1. 相似身份特征自然地聚集“志同道合”的参与者

“身份”特征是指人在性格、习惯、爱好、价值观等方面的特点。“身份”特征可以是非常基本的，例如：分享是人最基本的特征之一。Facebook让人们自由地分享，成为人口最多的虚拟国家。“身份”特征也可以是非常小众的，例如：对某一类图像的偏爱。Teespring发现个性化T恤衫可以把有共同兴趣的人群聚在一起。他们为个体消费者生产其自己设计的个性化T恤，让设计者在自己的圈子中传播，取得了巨大的商业成功。[1] 由于人的复杂性，“身份”特征千变万化，包罗万象。但是互联网的无边界连接能力使非常小众的“身份”也可聚集足够多的志同道合者。相似“身份”特征的人会产生共同的兴趣和需求，自然地表现出相似的行为特征。人们在社交媒体中主动分享，促使拥有类似“身份”的人自然聚集，而聚集的参与者会自愿发展和扩大群体影响力，增强凝聚力和活跃度，形成正循环。

由人们自然聚集的群体往往蕴藏着巨大的主动性和创新能力。如果企业能够将员工天然的兴趣与他的工作方向和内容匹配起来，这将大幅度降低员工的激励和管理成本，并且员工迸发出的主动性和创造力将为企业带来巨大的收获。

案例 1：Hero III 的追随者使英雄无敌传奇继续

Hero III 是 New World Computing 在 1999 年推出的游戏，取得了巨大的市场成功，直到今天还在不断吸引新一代玩家。这款游戏在 21 世纪初就停止了开发。然而，英雄无敌传奇并未结束。这款游戏的忠实追随者自发成立社区，聚集爱好者，通过自组织的方式对该游戏进行了大规模的持续开发，不仅大大丰富了游戏场景，增加了新的生物、技能、设施等，而且还对原有操作系统进行全面升级，使玩家体验更加刺激。不仅如此，全球的英雄爱好者还建立英雄无敌主题社区和论坛，为自开发版本进行了本地化工作，并制作攻略等。正是英雄无敌爱好者自发的热情，使得英雄无敌传奇具有持久生命力。

案例来源：IBV 基于 The Wake of Gods 官网及中国英雄无敌站——英雄世界等资料整理 [2]

2. 良好用户体验的连接能力保持参与者活跃度

社交化环境中鲜明“身份”给参与者聚集的动力，而良好用户体验的连接能力则保证了参与者持续、频繁的参与。

社交化环境为参与者提供了跨越地域、国界、语言、民族、阶级、职位等方面的差别的连接能力，使参与者能够更多地根据其“身份”来寻找志同道合的群体。良好用户体验连接能力首先是帮助参与者迅速找到与他们有类似“身份”特征的群体。

社交图谱（Social Graph，图 5.2）分析能通过社交环境数据分析将人与人的关系用可视化技术显示出来。在社交图谱中可以看到参与者之间的联系、联系的紧密程度、聚集特征等。社交图谱可以帮助参与者了解到朋友们选择的群体，也可以看到自己感兴趣的人选择的群体。Facebook 推出的 graph search 就是帮助参与者选择群体的尝试。

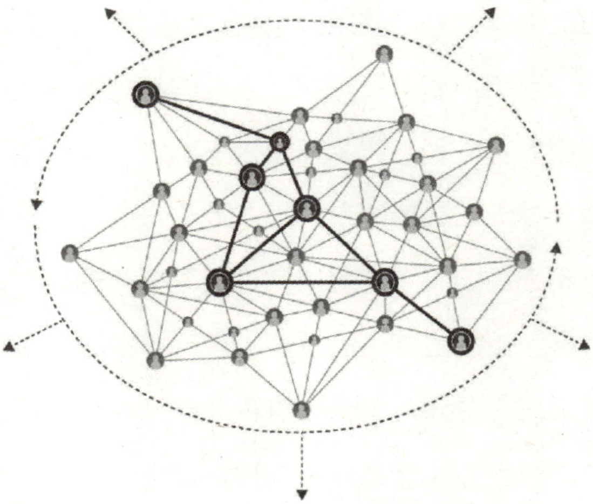

资料来源：IBV 分析。

图 5.2　社交图谱

社交图谱分析是社交技术中重要的基础应用之一。它蕴含的信息帮助参与者迅速找到协作对象。我们将在本报告的“社交技术”一节详细讨论这一应用。

良好用户体验的连接能力还包括让参与者在他们方便的时间和地点

以他们需要的方式接入社交环境，为社交环境提供易用性的界面、快速响应时间等。

案例2：豆瓣为用户提供良好的连接体验，成为中国最活跃的社区之一

豆瓣是中国最活跃的在线社区之一，它围绕“兴趣”来打造社区。截至2012年8月，豆瓣注册用户超过6200万，共创建了29万个豆瓣兴趣小组，月独立访问用户超过1亿。

豆瓣倡导用户分享兴趣、情感和爱好，并以此为依据帮助用户找到志趣相投的群体。为了使用户更快地找到同行者，豆瓣以技术为基础，全方面为用户提供良好体验。豆瓣数据挖掘团队的重要作用是挖掘出用户的真实兴趣，甚至是其不确定或不知道的，并进行针对性的推荐。豆瓣在分析中专门加入人与人的关系分析线索，来发现人际关系和兴趣的关系，为用户进行更精准的推荐。豆瓣推动豆瓣小组的发展，鼓励更深入的分享，得到更多分析素材，进行更精准的推荐，形成正循环。同时，豆瓣同城通过线下活动方式进一步增强用户间的联系。此外，豆瓣为用户提供基于不同主题的多项智能手机应用，使用户可以随时、随地、随心地快速方便地访问豆瓣。

案例来源：IBV 基于豆瓣官网、环球企业家对豆瓣 CEO 杨勃的访谈整理[3]

社交化业务的基本要素之二：社交化协作

鲜明的“身份”特征和良好用户体验的连接能力是构建活跃社交化环境的基础，使得社交化环境吸引足够多的参与者，为社交化协作带来充足的能力、资源、时间和地点等方面的选择。参与者在社交环境中充分地分享，包括自我兴趣、爱好、需求、专长、知识、生活轨迹；需求、建议、创意、梦想；人际关系、工作经历；等等。规模化的分享彻底改变了信息的透明度。这形成了社交化协作的三个基础，即共同利益推动参与者进行社交化协作、社交化声誉释放社交化协作的规模、参与者分享的资源为社交化协作提供了物质基础。

1. 共同兴趣和利益推动参与者进行社交化协作

在活跃的社交环境中，“身份”相似的参与者聚集成群，良好的连接性保持参与者持续活跃。相似的“身份”驱动参与者产生共同的兴趣和利益，使参与者产生协作需求。

例如，对美国生活的好奇和喜爱使很多人喜欢看美剧，对美剧的热爱推动其中的超级粉丝自发地组织进行协作对新出美剧进行翻译，使广大粉丝能及时看到最新的美剧。

基于兴趣而进行的协作来自于参与者自发的热情，而非强加外力，不需要鼓吹和调动，参与者自然而然地将其热情和创造力运用在协作中，充分发挥协作的效率潜力。

2. 社交化声誉释放社交化协作的规模和深度

在信息充分共享的社交环境中，参与者的社交轨迹、分享信息和协作历史都被记录。当累积到足够多的记录并对这些记录进行整理和分析，就能够为参与者逐步建立较为客观和公正的数字化“社交声誉”。参与者可借鉴对方数字化社交声誉来选择协作对象，即使素未相识的参与者间也可以通过社交声誉决定是否与其合作。社交声誉帮助陌生人间建立信任关系，极大地扩展了协作者的范围和规模。

一般情况下，人与人、人与组织、组织与组织往往要通过几次合作经历，才能建立一定的信任关系。利用亲身经历而建立的信任关系不仅受限于人或组织在有限时间内的有限经历，而且受限于其有限的活动范围。而利用社交化环境中积累的数字化社交声誉则可帮助参与者在选择协作对象时突破时间、经历和空间的限制，使社交化协作在全球参与者的范围内得到规模化发展。

例如：淘宝通过买家为卖家打分的制度，帮助百万级卖家建立其交易声誉。

案例 3：IBM Gen-O 为软件开发者建立数字化社交声誉，实现无边界协作

Gen-O（Generation-Open）是 IBM 基于社交化业务发展的社交化软件开发交付模式，有效提高了交付效率（缩短交付时间超过 30%，降低出错率超过 20%，减少 33%的组件开发成本）。Gen-O 模式成功的关键之一在于其调动全球的优秀软件开发者进行共同开发。IBM 建立多个内部和外部的软件开发者的活跃社区吸引全球软件开发爱好者进行分享和协作。在社区中 IBM 为成员建立档案，其中重要一项就是对成员的历史协作记录进行管理，包括该成员参与过的项目、成绩、收到的感谢和评价等。通过和其他成员的比较，社区进行综合评价，给出该成员社交化声誉。软件开发项目管理者寻找合适的开发成员时，可借助社交化声誉选择项目成员。通

过社交化声誉的管理，项目管理者不仅可以在 IBM 部门内部寻找资源，而且可以跨部门、跨地域、跨公司来选择合作对象。IBM Gen-O 通过开放社区和管理社交化声誉的方式，突破了部门、地域和公司的边界，得以和全球的优秀软件开发者进行合作，共同开发软件，创造业界新记录。

案例来源：IBV 根据 IBM 内部资料和访谈整理

3. 参与者分享的资源为社交化协作提供了物质基础

在社交环境中，参与者自愿分享各类资源。个人参与者分享的资源可以是知识、专长、时间、资金、场地、交通工具，等等；组织参与者分享的资源可以是前台的市场、销售资源，后台的研发、物流、库存、生产、IT、财务、人力资源管理等资源。分享的资源为社交化协作提供了必要的物质基础。分享的资源可以是免费的或付费的。当社交环境中有足够多的参与者，则被分享的资源将应具备相当规模。自愿分享的资源很可能是闲置或不能被充分利用的资源，因而，当需要付费使用时，其价格也是较有竞争力的。特别是对于个人资源分享者，分享的资源和能力也应是他们兴趣所在。资源在协作中被使用也使得他们的个人爱好得以满足，使得他们更有动力来参与协作。

当协作需求和分享资源有效匹配时，可以达到“人尽其才，物尽其用”的资源高效使用。一方面，资源分享者能主动配合合理使用资源；另一方面，对于资源使用者，通过有效的组织，可以使资源拥有者原本闲置的资源重新得到利用，既满足了自己的需求，又减少了浪费。

已经有非常多行业的企业利用社交化环境聚集需求和资源，加以有效匹配，达到共赢目的。例如：Airbnb 通过社交化环境来吸收在全球的闲散住房，再将其租给希望有住家感受的访客。Share Car 将有出行需求的人组织起来分享出行交通工具。Solar City 将消费者每户产生的零散太阳能电力集中，向企业输出使用。一家世界著名的超市连锁企业正在研究将到实体超市的消费者作为承运者利用起来，为其网购的消费者运送货品。

活跃的社交化环境吸引足够多参与者入驻，相似“身份”特征推动参与者自然聚集，产生共同兴趣和利益激发社交化协作。社交声誉推动参与者迅速建立信任，使社交化协作规模化发展。丰富而庞大的分享资源为社交化协作提供了物质上的支持。通过充分的分享和匹配，及有效的组织，这些资源可被“人尽其才，物尽其用”的使用。而社交化协作的成果正是满足了参与各方共同的利益。

社交化业务就是企业通过构建活跃社交环境，广泛聚集参与者，推动社交化协作，完成企业业务目标。各行业的领先企业已经开始有意识地运用社交化业务。LEGO 集团建立社交平台邀请消费者参与新产品创新和获取其对创意的反馈。可口可乐公司在营销上进行社交化转型，从自己创造营销内容、主导内容传播转向和全球消费者协同共同创造内容、鼓励消费者选择内容和进行内容推送传播。巴西零售商 Magazine Luiza 邀请消费者在 Facebook 上创建自己的 Magazine Luiza 商店，使每个有兴趣的消费者都成为其分销商。IBM 正在努力通过社交化环境建立内部专家和客户之间的直接联系，希望尽量缩短客户寻找专家的时间。在生产领域，社交化业务可将分散的需求和分散的生产服务能力进行聚集和匹配，使得个性化生产和规模化发展达成统一。在阿里巴巴平台上发展的桥一芳协同分散的小纺织企业来完成个性化订单。社交化业务在人力资源管理、促进内外部协作领域有更大作为。IBM 一直努力构建主题鲜明的社交化环境，以吸引全世界不同特长的人才，建立动态人才库，促进内外部协作，解决业务波动对人才的动态需求，在建立无边界组织上进行重要的探索。

从三个方面构建社交化业务

企业部署社交化业务需要从三个方面入手：第一，进行社交化业务模式设计。重新定位其在价值交付过程中与消费者、员工和合作方的关系。在价值交付中引导、推动社交化协作，促成多方共赢。第二，通过流程、组织、工具把社交化业务模式落实到企业的重点战略运营领域中，使社交化业务为企业战略实施发挥作用。第三，在企业中部署社交化技术，支撑社交化业务模式的应用（图5.3）。

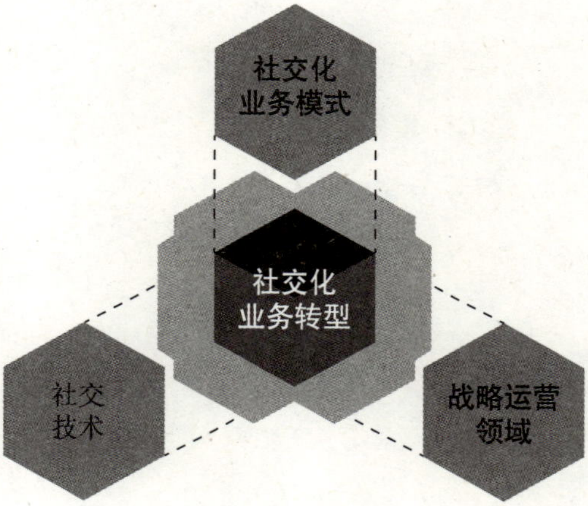

资料来源：IBV分析。

图5.3 从三个方面实施社交化业务转型

社交化业务模式：“协作共赢”的组织者

社交化业务模式

社交化业务模式设计的关键问题是谁来参与社交化协作及如何运转

及管理社交化协作。当企业需要利用社交化业务解决不同问题的时候，社交化业务模式设计也是不同的。我们在此试图提出一种通用的跨行业和领域的社交化业务模式（图 5.4），企业使用该模式时，需要根据其实际情况进行调整和适应。

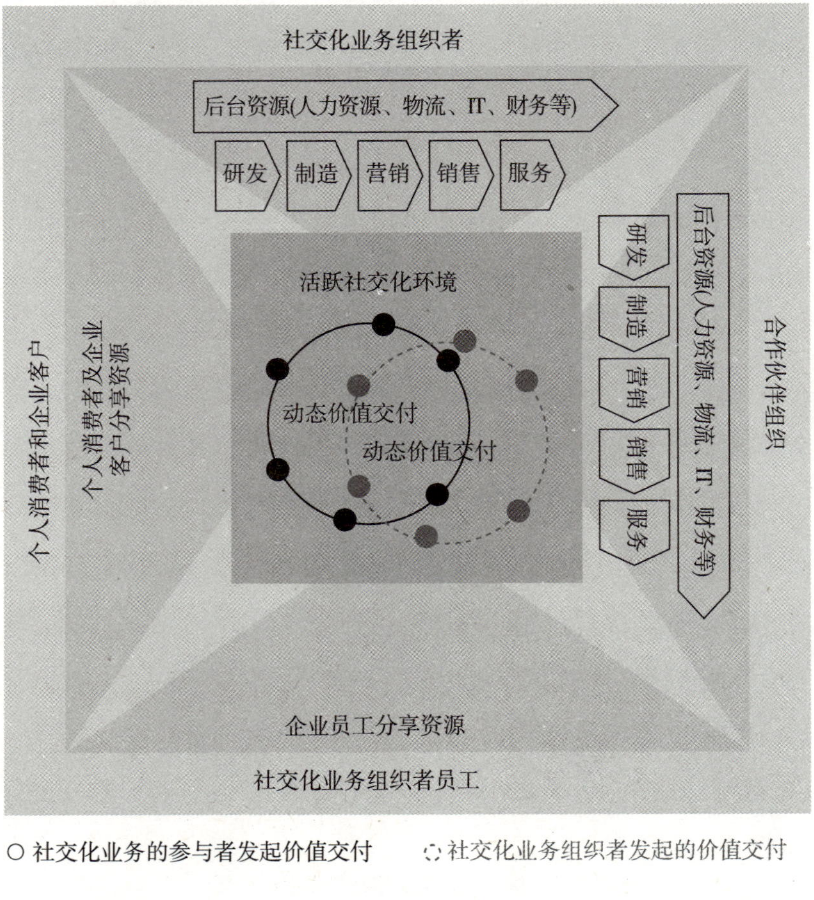

资料来源：IBV 分析。

图 5.4 社交化业务模式

在社交化业务模式中有四方参与者，即社交化业务组织方的企业（组织者）、个人消费者（也包括企业类型的客户）、组织者的员工及组织者的合作伙伴。组织者来构建社交化环境，传播鲜明的“身份”特征，吸引足够多的参与者入驻和聚群。组织者和所有参与者都可以利用社交环境的资源进行社交协作。社交协作的目的是交付参与者需要的产品和服务，每个社交协作都是一个价值（产品或服务）交付的过程。只要有足够多的参与者和必须的资源，价值交付就可以被执行（图5.5）。

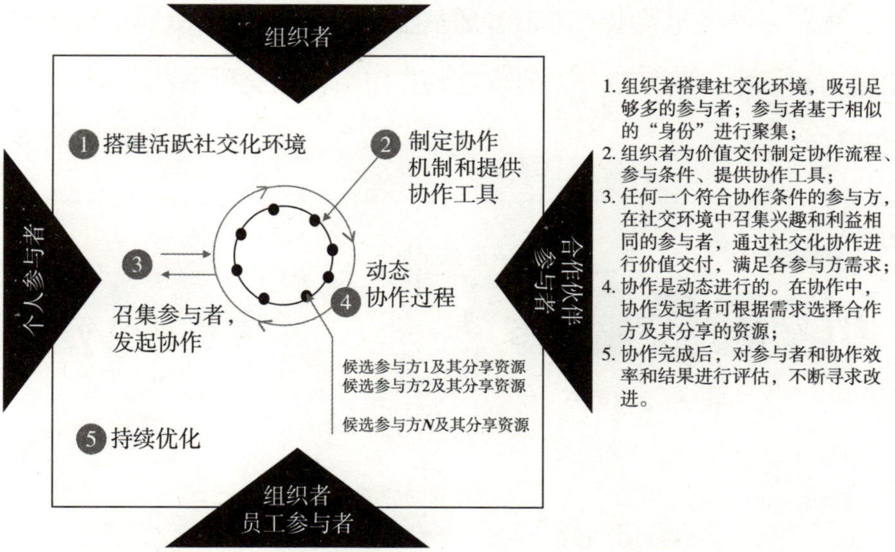

资料来源：IBV分析。

图5.5　参与方通过社交化协作完成价值交付

在社交业务模式中，价值交付可以是“以终为始”，即价值交付的发起者是价值交付成果的享用者。比如，在进行个性化产品定制时，有需求的个人在社交化环境中，寻找有类似需求的个人或组织和愿意为其服务的合作方，以其能接受的成本，发起个性化定制产品的价值交付过程。当定制产品交付到其手中时，价值交付就结束了。这种价值交付表现为一个闭环。而传统业务模式的价值交付过程通常表现为一个单向链状，企业来决定生产哪些产品和提供哪些服务，而消费者只能选择已经生产好的产品或服务，企业的供应商/合作方也只能听从企业的要求进行配合。

社交化业务模式四方参与者

社交化业务模式中有四方参与者，分别是社交化业务组织方的企业（组织者）、个人消费者、组织者的员工、组织者的合作伙伴。在社交化业务模式中，四方参与者的角色和作用在价值交付中都发生了转变（图 5.6）。

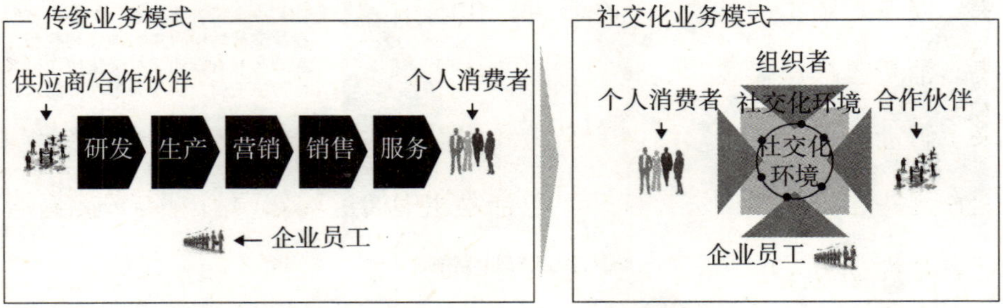

资料来源：IBV 分析。

图 5.6　社交化业务模式参与者角色和作用转变

1. 社交化业务模式组织者

在传统业务模式中，价值交付是以企业为核心的。企业设计、搭建、运作和控制整个的价值交付过程。企业投资和拥有核心价值交付资源，掌握关键信息，建设价值交付需要的基础架构，以自我为中心进行价值交付。供应商和各级合作伙伴与企业处于上下游的关系，消费者与企业处于甲乙方关系，企业员工和企业是雇佣关系。各方利益此消彼长。

在社交化业务模式中，企业从控制和实施整体价值交付的角色转变为组织各方参与者协作共同完成价值交付。企业通过社交化环境吸引参与者，提供协作工具、分享信息、资源和基础架构，组织和繁荣社交化协作，使参与方都能从社交化协作中满足自我的兴趣和达成应得利益。组织者和其他三方的关系不再是从属或挟制关系，而向协作共赢方向转变。

2. 被赋权的个人消费者

亿万消费者是真正为产品和服务埋单的人。在社交化媒体普及前，消费者只有有限的渠道将意愿和需求表达出来，意见也很难被有效收集。而且，由于消费者分散在各处，个人资源和需求也很难得到有效聚集。消费者被从价值交付过程中隔离出来。企业通常使用抽样市场调研来了解消费者需求，然后基于经验和假设，生产标准化产品。消费者只能在这些通用产品中进行选择。当企业期望通过增加产品种类来覆盖消费者个性化需求时，往往不能很好地计划产量，增加了库存风险。

在社交化业务模式中，价值交付部分控制权转移到亿万消费者手中。组织者通过社交化环境将亿万消费者引入价值交付的各个环节，鼓励他们表达需求，参与产品设计、宣传和销售等，使得价值交付从开始就为需求方服务，而且需求方也愿意通过亲身参与来降低成本和提高交付质量，从而使交付过程变得更高效。

越多消费者有效地参与价值交付全过程，意味着更多需求被分享和聚集，更多创造力被释放，更多零散资源被利用，使得交付潜力充分地发挥出来。

3. 被赋权的企业员工

企业通常通过组织划分和职责分配对员工进行管理。而组织和职责的划分却在信息共享、知识管理、创新协作、跨部门合作等方面制造了障碍。当员工的工作兴趣及专长和其工作职责不尽相同时，员工的工作热情和创新能力受到抑制。

在社交化业务模式中，组织者员工在社交化环境中工作和协作。通过分析员工分享数据，组织者有机会更多了解员工兴趣、专长和工作需求，因而有可能在组织和职责划分的基础上，按照其兴趣和专长进行工作分配。进一步，组织者也可以鼓励员工根据自己的兴趣和工作目标，主动建议任务并组织其他有兴趣员工共同完成任务。（见案例 7：IBM 运用社交化业务促成“人尽其才”的人才管理机制和动态人才库）。社交化业务模式增强了组织者和员工间的双向交流，使得工作能以“人尽其才”的方式得到更好的分配和管理，释放员工主动性，降低部门间协作障碍，将更多创新带入工作中。

4. 被赋权的合作伙伴

在传统业务模式中，供应商和企业是上下游关系，处于从属地位。他们主要按照企业的要求供应原料、进行生产、提供服务等。企业的供应商和消费者间缺乏直接的交流渠道，对企业需求也缺乏全面理解。

在社交化业务模式中，企业通过社交环境为合作伙伴提供直接的与消费者及其他合作方交流的平台，将企业协作信息及资源开放出来与其分享。合作伙伴掌握了更多市场信息和协作机会，将有能力从最终价值交付的结果出发，充分利用资源和发挥创造能力，以更高效的方式和各方进行合作，达成目标，而不是“唯命是从、亦步亦趋”。

构建社交化业务模式需要的能力

社交化业务的应用需要企业在战略意识上从“亲力亲为”的实干

家向“协作共赢”的组织者转型。构建和运作社交化业务模式，企业首先需要创建活跃的社交化环境，其次要在社交化环境中引导推动社交化协作，高效完成价值交付。

创建活跃的社交化环境需要四个关键能力：第一，为社交化环境塑造鲜明的“身份”特征；第二，在社交化环境中为参与者提供体验良好的连接性；第三，帮助参与者迅速找到自己感兴趣的群体；第四，建立社交化信誉体系。

组织者可选择自建社交化环境或是与已经较为成熟的社交媒体共建。自建社交化环境可能经历较长周期，风险和投资都较大。采用合作方式可一定程度地避免这些问题，但是社交化环境“身份”特征的设定，参与者分享及协作信息的拥有程度，社交化业务的发展方向等，都会受到合作方的影响。

在社交化环境中引导、促进、繁荣社交协作，组织者需要具备四个关键能力。第一，为参与者提供便于资源分享及利用的工具和环境。通过流程和工具，帮助参与者分享资源，对资源进行评估，模块化资源便于调用。第二，基于集思广益的高效决策能力。社交化业务尊重并相信每个参与者的力量。它让参与者来选择和决定相信谁，和谁合作，生产什么。组织者需要顺势而为。识别符合大多数参与者利益的观点，进行决策，推动协作。第三，对协作需求和协作资源有效匹配的能力。信息共享是关键，包括协作需求汇聚、集思广益的决策、协作流程公示、协作参与方的选择、协作资源分布、协作进展等。第四，组织者应持续优化协作环境，不断提高协作效率。由于社交化协作的价值交付过程是动态的，随着需求不同，每一次参与方都有可能不同。组织者应能根据不断积累的协作经验改进协作过程，使价值交付发起者能够不断选择更适合的参与方进行合作。

其中第一项能力是对参与者资源进行评估和模块化。个人参与者资源评估可从三个维度来考虑：专长、兴趣和参与方式。专长是指个人参与者的专业能力。参与者通过自荐和互荐方式来分享其专长领域。兴趣是指个人参与者对参与协作兴趣的高低。参与方式是指个人参与者对协作时间、地点、合作方式的选择。组织参与者资源评估可从四个维度来考虑：分享资源类型、资源利用率、参与协作兴趣、参与方式。分享资源的类型是指组织参与者分享资源的属性。例如：可按照价值交付的分工进行，分为研发、物流、生产、营销、销售、服务、财务、IT、人力资源管理等。资源利用率是指分享资源的容量在目前以及未来一段时间内被利用的程度，便于价值交付发起者评估是否启用、使用多少、使用多长时间等。

这些能力的建设并非都由组织者独立完成。组织者可协同各参与方共同建设。例如，组织者可请各方建议共同对协作流程进行优化。

社交化业务模式促成共赢的商业模式

社交化业务模式的组织者创造了一个新的生态环境。消费者、组织者员工、合作伙伴和组织者的关系由此消彼长的甲乙方关系、雇佣关系、上下游从属关系转变为平等的协作共赢关系。消费者不仅有机会获得个性化产品和服务，并且能得到精神上的满足，例如：结识朋友、发挥才能、感受成就等。组织者员工有机会按照自己的兴趣和专长来选择工作。组织者的合作伙伴将获得更多市场信息，了解组织者和其他合作者的资源特点和业务目标，从而能够更高效地参与协作。繁荣的社交化环境也为参与方带来更多业务机会，推动其业务增长。而组织者借助社交化环境获取了大量第一手的市场信息、更牢固的合作关系、更多创新机会、更高效和灵活的交付能力。组织者通过持续繁荣这一生态环境，使共赢的局面形成正循环，使各方更牢固地协作共赢。

社交化业务盈利的本质是通过参与者的协作为各方带来价值，创造更多的市场机会。对已经实施社交化业务的企业组织者进行观察，我们发现商业模式的设计主要分为两大类。

第一类是组织者为各参与方提供服务来产生收入。这类组织者大多是以互联网为起点的企业。例如，天猫为消费者、商家、各类服务商提供服务；Teespring 为个性 T 恤设计者和购买者提供服务；谷歌的 AdSense 广告平台提供的服务等。为参与者业务发展或需求提供各类服务是这类社交化业务组织者的主要业务，其主要收入也来自于参与方的服务费和广告费。服务收费模式可以是固定年费、使用费（按服务使用次数、时间或服务使用方收入金额比例等）、数据或信息分享费［例如 API（Application Programming Interface，应用程序接口）使用费］等。广告收费模式则可以按显示位置、搜索方式、订阅方式、浏览次数等方式进行。

第二类是通过同各参与方协作促进组织者原有业务和所处行业的快速发展。这类组织者主要收入来自于制造产品或提供服务（例如：餐饮、金融、能源、电信服务等），构建社交化业务的主要目的是为了协同各参与者更好地为使用其产品和服务的消费者及企业客户服务。例如，宝洁公司利用 C+D 创新平台协同消费者、合作伙伴甚至竞争对手共同开发新产品；苹果公司利用苹果应用商店协同第三方应用个人或企业开发移动应用，从而促进其硬件销售；尚品宅配协同消费者、设计师等开发定制化家具；Center Point Energy 协同消费者和合作伙伴为消费者提供个性化能源服务等。这类组织者的盈利主要体现为自有业务的增长以及其合作方业务的增长。

社交化业务模式已经主动或不自觉地被不同企业应用。成功运营该模式的企业取得了令人瞩目的商业成功。

案例 4：天猫和淘宝组织社交化大协作，创造行业奇迹

天猫和淘宝在 2012 年“双 11”（2012 年 11 月 11 日）光棍节活动中，当天支付宝总支付额达到 191 亿元，其中仅天猫就达到了 132 亿元，创造了行业奇迹（美国在 11 月 26 日的“网购星期一”，全美在线总零售额才达 19.8 亿美元）。[4]“双 11”奇迹正是天猫和淘宝组织几亿消费者、数十万企业进行端到端的社交化大协作所共同创造的。

“……我们是这个活动的组织者，这个活动的成功绝对不仅仅是依赖于天猫的 1000 多位员工，也绝不仅仅是整个阿里的 2 万多员工，恰恰相反，它是整个社会协作的产物……”天猫总裁逍遥子说。[5]

“双 11”创造的惊人销售数字背后是庞大的支持体系。仅物流一项，191 亿元交易额意味着超过 7200 万个包裹递送。在这场社交化大协作中，参与方包括数以亿计的消费者（天猫和淘宝共吸引了 2.13 亿独立用户访问），数以万计的商家、物流服务商、互联网运营服务商、银行和金融机构等。天猫协同各参与方完成了从访问网站到交货端到端价值交付全过程。

作为组织者，天猫首先为各方提供了较为客观的信誉体系，其中包括卖家、买家，还包括互联网运营服务商、物流服务商等。该信誉体系从根本上释放了交易的规模。第二，天猫进行信息分享，协同各方提高在交易高峰期的用户体验。例如，天猫和合作的前十大快递公司的物流系统进行了对接，使得协同各方能及时了解和预测物流拥堵情况，提前进行计划和应对。第三，协助各方进行资源分享。例如，天猫协同各商家进行数据分析，把有问题的订单找出来，协商天猫资源和商家资源共同对消费者进行补偿。阿里巴巴集团也将其金融资源分享出来，阿里金融为帮助中小商家提前备货，提供总计 1 亿元的信贷资金被申请贷款的卖家们在 30 分钟内抢光。天猫还利用基于云计算的“聚石塔”平台，将合作伙伴的 IT 资源进行汇集，有效地帮助交易平台承载超高访问量。在“双 11”期间，天猫和淘宝 20%的定单是通过“聚石塔”的云平台产生的。

案例来源：IBV 基于天猫总裁逍遥子讲话等资料分析[6]

社交化业务模式引发四方面的变革力

社交化业务带来的变革力，为消费者与企业、企业与企业、消费者与消费者、企业与员工间提供了新型协作关系。

1. 个性化需求和规模化交付的统一

个性化需求是消费者的天性，而规模化发展是大多数企业生存的基础。两者间矛盾使其很难被企业同时有效地实施。社交化业务为消费者提供了直接进入企业价值交付全过程的机会，为探索个性化需求和规模化交付的统一提供了可行的路径。在社交化业务中，参与者，特别是数亿消费者，能够直接参与到产品和服务交付过程，他们既是产品的需求者，又可以是产品的研发者、生产者、传播者、销售者、运输者等。消费者自我参与满足了自我高度个性化的需求，这从模式上根本降低了个性化交付的成本，同时，数亿消费者的参与也是解决规模化交付的重要基础。

Threadless 是最早和 T 恤爱好者协作提供个性化 T 恤的社交网站。Threadless 网站让它的顾客来发起设计工作，选择生产线，确定产量，并负责市场推广、促销，以及销售工作，不仅满足了每个消费者对 T 恤的个性化需求，带来了惊喜的消费体验，也为 T 恤的生产销售节约了成本。服务行业也正在与消费者协作使消费者得到个性化的服务体验。例如，交通银行通过智能手机应用和消费者协作，不仅使消费者借助自助服务随时随地得到个性化服务，而且大幅降低服务成本（在传统业务柜台，办理一笔转账业务产生的成本费用在 11 元左右，然而在手机银行上，相同业务的成本却是 1 元）。[7]

技术和生产工具的发展也使消费者在满足自我个性化需求上有质的提升。丰富的开源技术和平台、3D 扫描仪、3D 打印机等都为消费者实现自我设计和制造提供了可行路径。在可预见的未来，能制造各种物品的 3D 打印机也许将在全球普及，以云的方式被组织起来。消费者可以通过网络提交设计，用云方式利用最近的 3D 打印机完成制造。企业的部分生产能力也将借助分散的微工厂以云方式实现。社交化业务和新生产工具的发展将对制造行业产生颠覆性的改变。

为了使消费者能参与端到端的价值交付，企业也需要积极运用新技术来升级价值交付体系，把消费者不适宜、不经济或没有意愿参与的环节做好。例如，尚品宅配利用信息化系统和灵活的生产流程，大幅度提高生产线的柔性生产水平，定制家具的交付期下降到 10 天左右。[8]全球最大的眼镜片制造商依视路在 2010 年生产的全部 3.2 亿件产品中的 1 亿件是全球唯一定制产品。可互换零件系统和遍布全球的由计算机网络控制的本地生产设备是依视路实现个性化量产的关键。该公司 2012 年卸任的董事长认为依视路本质上是信息公司而不是制造商。[9]美国在线教育服务 Knewton 以数据分析和建模为基础，采用动态适配学习技术来判断每个学生的特点和进度，为学生建议个性化的教育内容和方法，规模化地实现了个性化教育服务。[10]

借助阿里巴巴平台，桥一芳把零散的纺织生产能力整合起来，满足客户高度定制化需求。在协作中，桥一芳负责品牌创建、订单汇聚、订单分配、生产组织、质量控制等，而合作的其他纺织小微企业主要负责生产部分。通过资源整合，桥一芳和合作企业不仅实现了业务快速增长，而且满足了客户个性化需求。

消费者参与价值交付的模式、大数据、数据分析、新生产工具、柔性流程等技术的运用都为规模化地满足个性需求打开了方便之门。这一变革力已经对众多行业产生了巨大影响。先行者已经在积极运用社交化业务的原理，取得个性化生产和规模化发展的统一。

案例 5：Dabble 为“你、我、他”提供社交化平台，实践规模化个性化教育服务

Dabble 认为“三人行，必有我师”，它挖掘普通人的潜力，在规模化地为每个人提供个性化教育服务方面进行有益尝试。在 Dabble 的平台上，用户可以是学习者也可以是教授者。用户可以寻

找想上的课程、为教授者投票或建议想学习的内容、推荐教授者；而教授者根据自己的兴趣、专长及平台上的需求来建议和宣传自己能提供的课程。Dabble 为学习者和教授者提供一系列服务，使双方都能关注于学习和教授。例如，Dabble 会向用户建议他们可能感兴趣的课程；推荐教授场所；让教授者提供课程设计来控制教学质量；为教授者提供学员的评价，为其建立社交声誉；提供支付等相关后勤服务等。Dabble 充分借助普通人的力量来满足每个有兴趣学习的人的个性化教育需求。Dabble 于 2011 年 5 月在芝加哥成立，已经接到超过 500 个城市的业务开拓申请，目前已经将业务拓展到超过 40 个城市。

案例来源：IBV 基于 Dabble 官网资料（dabble. com）分析

2. 社交化协同促成产业形成新的共赢生态体系

社交化业务模式开创了企业间新型的协作关系，促成产业协作共赢生态系统。产业通常由原材料生产、运输、制造、销售、服务等产业链中不同行业组成。每个行业中都有大企业和小企业，不同行业的企业处于上下游关系。在社交化业务的影响下，产业中的少数企业将转型成为产业组织者，它将产业中不同行业的企业通过社交化环境聚集起来，组织促进产业中所有行业的企业进行社交化协作，形成行业的社交化协作联盟。产业中的企业可选择加入不同的产业组织者联盟，也可在所处行业中发展为组织者，或将社交化业务原理应用在重点运营领域中（图 5.7）。

例如，中国电子商务产业中阿里巴巴逐渐成为主导组织者，它将各行业供应商、产品制造商、各类服务商、渠道商、物流商等企业组织到

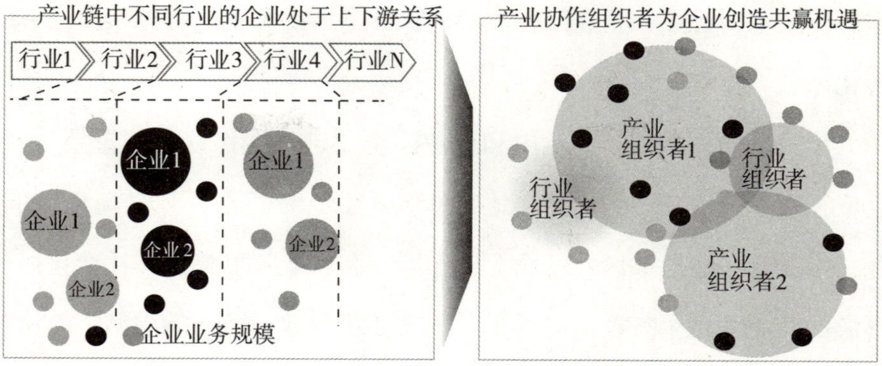

资料来源：IBV 分析。

图 5.7　社交化业务促进产业形成全面协作生态环境

其平台（阿里巴巴、天猫和淘宝）上，为整个产业提供组织和协同服务。而加入天猫的尚品宅配在家具领域成为行业组织者。[11]除了电子商务产业，还可看到其他产业向此发展的趋势。例如，苹果、谷歌、微软正试图在移动互联网操作系统上建立各自的产业协作联盟；而 Facebook、腾讯则希望在移动互联网应用层面建立协作联盟。盛大文学正在将文学、出版、游戏、媒体、娱乐等多行业进行协同，规模化地为消费者提供个性化的文化内容。Coursera 正在对教育资源进行整合，为学生提供优质和丰富的个性化教育服务。在智能电网推动下，电力运营商 Center Point Energy 也在建设社交化平台，将消费者、发电方、信息服务商等组织在一起，为百万消费者提供个性化能源服务。[12]

可以预见，在未来，产业中将产生产业组织者，运用社交化业务，带领产业中的企业分享信息、协同资源、共同创新、规模化地为最终消费者带来个性化的产品和服务。在产业组织者创造的共赢环境中，大企业和小企业间可通过协作而不是兼并或恶性竞争来扩大市场规模。小企业和小企业间可通过协作，优劣势互补，共同发展。在产业协作共赢的生态体系中，行业、企业间将此消彼长的上下游关系向协作共赢的方向转化。

传统产业集群也是产业内和产业间企业进行协作共赢的重要形式，它依托所在位置独特的人文和地域禀赋，逐步聚集某一或几个产业的企业，形成有明显地域属性的企业协作群。和产业集群相比，社交化协作形成的产业共赢生态环境突破了对人文环境和地域条件的限制，使协作企业在全球范围内得以延伸。供需关系是传统产业集群中连接的主要因素，集群中没有明显的组织者促进各方协作、共同创新、共享资源（政府为促进本地经济发展，会建设和发展产业集群，但是由于政府并不介入业务运营，通常难以在业务层面推动协作）。而社交化协作中的组织者通过在业务层面的协作流程和工具、信息共享等手段将有共同利益的企业在业务上更紧密地联系在一起。此外，社交化形成的产业协作环境在跨产业合作、创新效率提高、共同增长市场等方面也表现出强大的发展潜力。

社交化业务引起产业共赢的生态系统值得企业深思：在未来的产业布局中，应该如何定位企业在产业社交协作中的位置，才能取得长期可持续发展优势。

案例 6：圆通新龙协同行业资源为电商提供一站式电子商务服务

圆通新龙电子商务服务有限公司和圆通速递有限公司同属上海圆通蛟龙投资发展（集团）有限公司。圆通速递在行业排名前三，它的一半以上客户是电商客户。圆通新龙依托圆通速递的行业积累，力求通过整合行业资源的方式，向电商客户提供一站式电子商务服务，其打造的核心竞争力是基于配送的仓配一体服务平台和新龙直销网站。

为了快速打造业界高效率的基于配送的仓配一体服务，圆通新龙通过运作协作平台的方式整合全行业资源，包括自有仓、分公司的加盟仓和社会第三方的加盟仓。圆通新龙将通过规则设定、系统支持和质量管理的三个核心手段来管理运作仓储资源。比如，圆通新龙通过自主研发的仓配一体管理系统确保各个加盟仓的操作符合标准，并在全国设立了三大标杆仓作为加盟仓人员的培训基地。

圆通新龙可以做到基于数据分析，将仓储资源和电商需求端的配送需求进行匹配，对仓储资源进行“物尽其用”（地点、时段、速度等）的分配和使用，一方面使电商客户能够得到低成本高效率的个性化服务，另一方面借助打造圆通新龙的服务品牌进行招商，提升这些仓库的使用效率。接下来，圆通新龙还计划通过信息化手段，将社会闲置的仓储、配送资源及合作电商的自有仓库汇聚起来，进行统一管理，进一步降低仓储成本和提高效率。

另外，圆通新龙还建立新龙直销平台完善对一站式电子商务服务的布局。该平台目标是为圆通新龙客户进行清仓销售，即客户的货物不用进行实体移动，直接在新龙直销低价销售。结合圆通新龙配送仓储服务，新龙直销不仅帮助消费者直接和生产商对接，解决了生产商库存问题，而且通过整合生产商仓储等资源，大大节省了物流成本，帮助其打造高效供应链体系。

案例来源：根据IBV对圆通新龙总经理孙建访谈记录整理

3. 消费者与消费者协作减少购买需求

社交化业务模式帮助消费者与消费者间建立了直接协作关系，使得消费者可通过其他消费者的分享或服务来满足其消费需求。

消费者购买的很多物品很可能只是为一时之用，例如：婴幼儿用品、CD/DVD、书籍、心血来潮的一次性购买等。购买后长期闲置造成巨大浪费。社交化业务打通了消费者间资源分享的途径。消费者通过社交化环境进行大规模“以物易物”（例如交换 CD/DVD）、分享和出租资源（例如分享出行工具、分享花园等）、技能交换等已经变得越来越普及。

通过消费者间的分享、从其他消费者处获得服务或与其交换来满足需求，而不是从企业获得，意味着人们减少购买行为。这一趋势会在一定程度上减缓市场增长速度，首先将对耐用消费品以及服务业等行业产生很大的影响。

例如，以汽车分享为目标的新型租车公司及社交平台近年来迅速发展，Zipcar、GoGet、WhizzCar 等就是这其中的主要代表。汽车分享作为私家车的替代品，为消费者降低生活成本，提供便捷的出行体验，而且符合环保的概念。根据 Cervero's research 调研，在旧金山地区 City CarShare 会员使用汽车量平均下降了 47%，而在欧洲，使用汽车量下降达到 75%。Zipcar 公司的跟踪调查显示，用户在使用了它们的服务之后，在波士顿和华盛顿特区有 13% 的会员已经卖掉了自己的一辆车，超过 40% 的会员取消了购车计划。[13]

这一趋势对汽车行业的发展产生了影响。行业领军者开始将业务向分享领域拓展。例如：沃尔沃旗下的 Quicar、宝马旗下的 DriveNow 及戴姆勒旗下的 Car2Go。这些做法一方面是对消费者行为改变的认可，意在新市场中建立影响力，另一方面也可以挖掘无法负担私家车人群的消费潜力。

企业应积极思考这一消费趋势，重新考虑对其产品和服务组合的影响，增加产品和服务的个性化定制及专业性，将业务向分享服务方向发展等。

4. 无边界组织创新

社交化业务模式帮助企业与员工间建立了新型协作关系。如何提高员工主动性、降低部门间协作障碍和提高协作效率、快速寻找合适的人才、根据动态变化的业务需求匹配动态的人力资源，等等，一直是管理界长期研究和努力的方向。社交化业务为这些目标的实现提供了可行的路径。在“被激活的企业员工”中已经论述过社交化业务使企业有机会以员工的兴趣和专长来分配工作，这将提高员工主动性，提高部门间协作效率。此外，社交化业务还帮助企业联系外部人才资源，建立动态人才库，应对业务的动态变化。许多新兴公司都利用社交化业务原理实现了微型组织和巨型业务规模。例如：Instagram 以 25 人的团队服务超过 1 亿的活跃用户。[14]所有参与其社交平台的消费者都可以被认为是他们的临时雇员。另外，“威客”类服务交易平台也是快速获取专家资源和实现动态人才库的重要实践。[15]

社交化业务为企业未来的组织演变提供巨大的创新空间。未来的企业可能只需要雇佣为数不多的长期员工，通过社交化业务模式招募有兴趣、有能力和有时间的合作员工，组成团队，完成企业任务。

案例 7：IBM 运用社交化业务促成“人尽其才”的人才管理机制和动态人才库

IBM 正在将社交化业务运用到所有重要的运营领域中。以 IBM Connections 为平台，IBM 为员工构建并不断优化良好连接性的社交化环境。[16] IBM 鼓励所有员工将兴趣、专长、工作在社交环境中分享，鼓励员工利用社交环境而不是邮件来进行交流和协作，鼓励员工通过社交环境寻找专家和方案。IBM 推行以工作和生活整合（work and life integration）为基础的工作方式，提出“做你自己”的工作氛围；对员工进行社交协作培训和提供协作工具；IBM 领导层率先使用社交工具和员工进行互动；这些措施促使员工改变工作习惯，将工作转移到社交环境中。任何员工可以在社区中招募有兴趣的同事组成临时团队协作完成任务，可以在社区中利用众包（Crowdsourcing）启动感兴趣的项目，通过社交网络联系所需专家等。[17] IBM 还将内外社交化环境打通，通过社交协作方式与外部专家和人才进行合作，建立动态人才库。IBM Gen-O 就是这一理念的成功实践（见案例 5）。IBM 希望通过社交化业务在人力资源管理上的应用，促进 IBM 分布在 170 多个国家和地区的 40 多万员工跨部门、地域、国家的协作，管理客户和个人与 IBM 的协作，为 IBM 的客户带来更好的客户体验。

案例来源：IBV 根据 IBM 公司资料和内部访谈整理

社交技术：社交化业务的实施基础

企业需要提供以下核心能力来构建社交化业务的两个核心要素，即活跃的社交化环境和社交化协作。

——建立活跃的社交化环境的四项关键能力：

- 为社交化环境塑造鲜明的“身份”；
- 为参与者提供体验良好的连接性；
- 帮助参与者迅速找到自己感兴趣的群体；
- 建立协作必需的信誉体系。

——提供社交化协作的四项关键能力：

- 协作资源的分享和利用；
- 基于集思广益的高效决策；
- 对协作需求和协作资源有效匹配的能力；
- 持续优化协作环境，不断提高协作效率。

社交技术实施基本框架

社交技术的应用是实现以上能力的关键。图 5.8 显示出社交技术实施的基本框架。云计算平台和大数据处理平台是整个社交技术的支撑平台，之上的社交技术按应用领域可以分为社交数据分析、社交用户体验、社交协作支持技术三个主要方面。社交数据分析关键技术包括情感分析、企业建模、社交网络分析、消费者/品牌分析、用户建模、专家搜索等；社交用户体验的关键技术包括多通道整合、虚拟现实、网站优化、可视化技术、移动应用等；社交协作支持关键技术包括协同决策、需求预测、资源/服务优化、供求匹配等。这些技术从不同角度支撑和保证企业在构建活跃社交化环境和社交化协作中需要具备的关键能力。

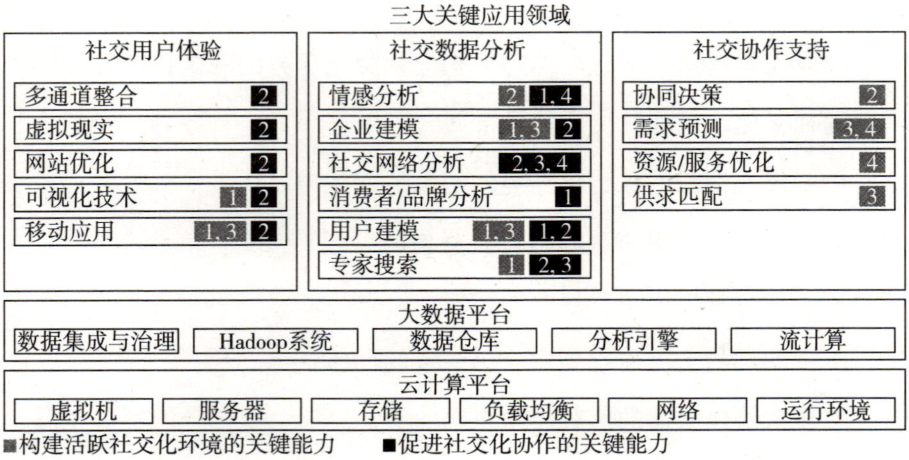

资料来源：IBV 分析。

图 5.8　社交技术实施基本框架，IBM 中国研发中心分析

1. 云计算平台利用参与者资源协作为社交化业务提供基础架构

云计算平台是基础架构演进的必然选择。它将大量的资源（包括服务器、存储、网络、运行环境等）进行虚拟化，按照需要进行动态分配和扩展。资源被所有用户共享，并且方便地访问。通过云平台企业可以以租赁方式使用云计算资源，按需付费。在构建社交化业务基础架构时，通过云平台，组织者可将参与者所分享的计算资源通过云计算平台进行统一管理，为协作提供基础架构的支持。

2. 大数据平台是社交化环境下海量数据处理与分析的基础

在社交化业务环境下，组织者需要有效处理海量的数据，包括：内部数据（ERP、CRM、订单等），合作伙伴共享的数据（资源、产品、协作进度等），参与者共享信息（图像、书签、著作、过往经历、工作经验、个人兴趣），社交媒体信息（论坛、博客、微博），用户行为数据（浏览历史、搜索历史、购买历史），以及移动数据（时空信息、浏览信息），等等。由于数据量巨大，更新速度快，形式多样，不确定性高，需要稳定高效的大数据平台来进行数据的存储、集成、分析，从而支持多种应用。大数据平台应具备下列关键技术：

数据集成与治理　将多来源、多类型的数据进行有效的集成，建立主数据库，保证数据质量，数据生命周期管理，并保护敏感数据的安全。

Hadoop 系统[18]　将大量的分析任务分发在多台机器上并行处理，有效地提高处理效率，并采用分布式的文件系统以及先进的容错和自动恢复技术，提供高性能、可扩展的、可靠的处理平台。

流计算　实时处理多来源和多类型并发性和分析数据输入流，提供低延迟分析结果。

数据仓库　提供先进的优化技术，保证在线和批处理的应用。

分析引擎　对不同数据类型提供最适合的分析引擎，并通过统一的接口进行管理。

云计算平台是社交化业务天然的基础架构选择，大数据平台为社交化环境和社交化协作各类应用提供了必须的支持基础。此外，支持社交化业务需要在三个应用领域提供关键技术：社交数据分析、社交用户体验和社交协作支持。这三个领域的社交技术相互作用，共同为社交化业务提供必要的技术能力。

社交技术三个关键应用领域

1. 社交数据分析

用户建模　是根据个人参与者主动分享的资料，为其建立全方位动态档案，包括“身份”特征、兴趣、专长、社交化声誉、分享资源等。这项技术帮助个人寻找共同兴趣群体，也为其发起和参与社交协作提供基本信息。该技术包括利用自然语言理解与信息提取技术，从每个参与者发表的微博、博客等刻画其专长、领域知识；通过用户行为分析技术和基于用户的浏览历史、搜索历史、协作历史等自动识别个人的“身份”特征、兴趣爱好、专长能力、行为模式、个人信誉等。

企业建模 是根据企业主动分享的资料，为其建立全方位动态档案，包括企业协作意愿、社交化声誉、分享资源、资源利用率等。这些技术帮助企业建立社交化声誉、发起和参与社交化协作提供基本信息。在对企业建模时，可以应用情感分析技术，在社交化环境中倾听消费者的声音和他们对企业的评价，给出一个综合的打分。还可以对企业资源能力进行深入分析，通过历史协作记录和同类资源比较，为分享的资源提供全面的评价，从而理解企业的协作竞争力。

社交网络分析 提供参与者间的社交图谱等信息。它帮助参与者快速寻找志趣相投的群体，并快速地建立与这些群体间的联系。这项技术通过数据自动挖掘社交网络中人与人之间的关系，通过聚类的方法，把兴趣相近或有密切联系的人聚成不同的群，共同进行讨论和协同工作。并且，这项技术还能根据不同社交业务的要求，根据个人的技能和口碑，为组织者推荐合适的人选，并帮助组织者找到该领域的专家和最有影响力的关键人物，使他们成为社交化协作的领导者，促进业务交付的顺利完成。

2. 社交用户体验

多渠道整合 为参与者使用多种渠道接入社交化环境和进行社交化协作提供统一的用户体验。例如：参与者可以在任何场合表达他的需求并与其他参与者进行交互，比如，在社交网络中寻找商品、求推荐、进行购买、选择配送伙伴、更改信息等。组织者必须整合内部、外部的数据，在消费者通过任何一个渠道时，后台系统都能够得到全面的信息，并通过多渠道（例如，移动终端、互联网、实体店等）对各个系统的数据进行精确的管理，提供一致的便捷的服务。

可视化技术　将海量的数据通过视觉效果展示出来，帮助参与者快速理解数据。可视化技术包括社交网络的可视化，展示人与人之间的多种关系、关系的紧密程度、个人和群体关系等。热点可视化，将微博、新闻、博客等讨论热点和趋势通过可视化的技术呈现。可视化技术的关键是如何将大量的数据在有限的显示区域（例如电脑屏幕、手机屏幕）上科学地布局，提供友好交互使得用户可以自由访问数据和迅速理解大量数据。

3. 社交协作支持

以 API（Application Programming Interface，应用程序接口）为基础的资源分享[19]　社交协作以各参与方分享资源为基础。通过 API 分享资源是模块化分享资源的新兴手段。通过 API，参与者可把信息、流程、数据分析能力、个性化服务能力等模块化地分享出来，供其他参与方在社交协作时使用。例如，Facebook 合作方利用 Facebook 的 API 对分享数据进行分析，为 Facebook 用户提供丰富的服务。又如，电信运营商可以把计费数据通过 API 分享出来，物流商可以分享物流数据，而信息服务商可分享数据分析能力。以 API 为基础的资源分析，可以将数据、资源、任务分解成多个模块，并灵活地进行组合，根据资源和参与者的情况进行资源优化和动态组装，快速低成本地实现社交业务的协作。

协同决策　社交化协作需要在集思广益的基础上进行高效决策。在技术上，可对参与者的投票、建议、讨论进行分析，并结合需要决策主题的行业背景和积累经验等多种因素，及时建议符合主流参与者意见的选择。

资源/服务优化　任何消费者、员工、合作伙伴都是社交化业务交付可利用的资源，这些资源是随着时空动态变化的，而且交付产品的需求也是动态变化的，对资源和服务进行优化，可以包括资源分配的优化——根据对市场需求的预测，以及消费者的个性化产品定制的分析，服务交付地点的分析，对资源进行优化分配，实现店面的最优选址，仓库容量的优化与布局等。再如服务交付的优化——提供有效和关键的方法，帮助组织者对动态变化的业务流程建模并进行动态的优化。同时，还需要模拟技术，对这个业务的执行进行模拟与预测，修改某些因素以预测可能产生的效果。

供求匹配　社交化环境中，需求和供应信息是公开、共享的，如何快速、准确地将供求信息进行匹配，最大限度地把分散在企业和个人的资源进行集中使用是重要的能力。在社交化环境中，这些信息是通过 API 提供的，因此，对供需信息进行匹配的关键在于，利用行业等背景知识，对供求进行语义的描述和建模，以此对 API 进行标准化的定义，并根据行业模型对供求信息进行动态组装，从而实现高效的、准确的供求匹配。

社交化业务的实施依赖于社交技术的支持。云计算平台和大数据平台是基础，企业在搭建社交化业务平台之始，首先应考虑借助稳健、可扩展性强的云计算平台，并搭建稳定高效的、有效支持多源异构数据的分析与处理的大数据平台，从而为支撑社交化各种业务打下坚实的技术基础。在三个社交技术应用领域，企业需要从业务需要的角度分步实施重点技术，逐步搭建全面的社交化技术平台。在用户体验方面，多通道整合是提高用户体验的最基本、最重要的技术；在数据分析技术中，用户建模、企业建模以及社交网络分析可以作为优先考虑的技术；在社交化协作技术中，API 的平台、协同决策和供求匹配是实现社交化协作的最基础的技术。

中国社交化业务发展主要障碍

2012 年，IBM 商业价值研究院针对包括中国企业在内的全球超过 1000 家企业的高管进行了社交化业务调研。从调研结果看，多数中国企业对社交化业务范围和业务价值还处在摸索阶段。目前中国企业主要将社交化业务用于营销和公关活动等方面。在未来两年，中国企业将社交化业务应用到人力资源领域的意愿远高于全球水平[20]（图 5.9）。

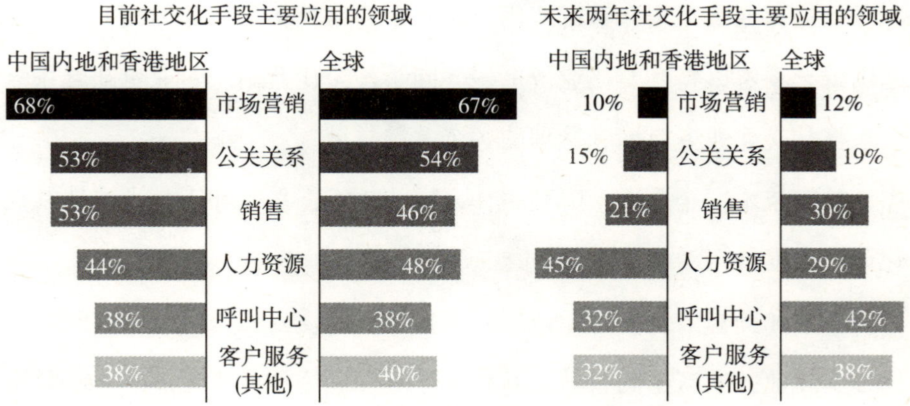

资料来源：IBV 分析。

图 5.9 社交化业务当前和未来两年的应用领域，IBV “新兴的社交业务全球调研”，2012 年

中国企业已经意识到社交化业务的重要性，也希望增加投入，但是缺乏准备，比如，社交化业务可能带来怎样的企业文化转变？如何评估社交化业务在多个业务领域的影响和带来的可见收益（图 5.10）？

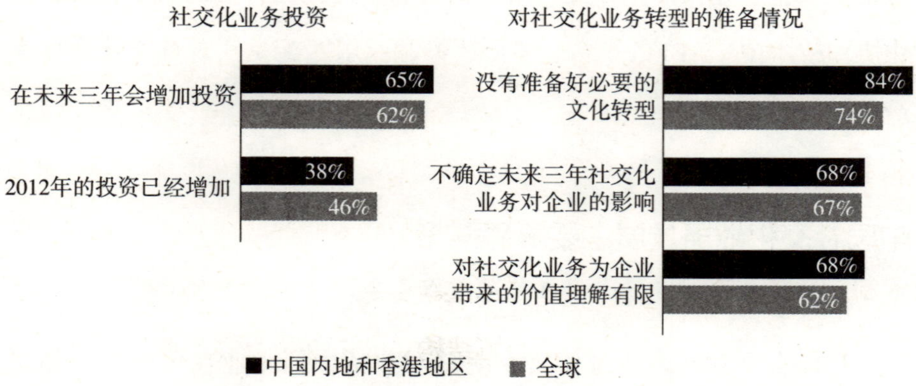

资料来源：IBV 分析。

图 5.10　企业对社交化业务投资计划和社交化业务转型准备情况，IBV“新兴的社交化业务全球调研”，2012 年

我们认为，中国企业发展社交化业务的障碍主要来自于六个方面：

社交化业务范围和系统应用方法　企业对社交化业务的内涵和应用范围缺乏了解，将社交化业务更多等同于社交化营销。企业也缺乏系统方法将社交化业务应用到管理的各个关键领域。

社交技术　企业不了解利用什么样的技术、平台和工具来支持社交化业务的发展。

监测和衡量效果　企业认同社交化业务的重要性，但如何监测和评估社交化业务所产生的收益及其对企业近期和远期业务发展的影响是企业的一大难题。中国企业在设定社交化业务评估指标（KPI）以及监测投入产出（ROI）两方面的表现分别仅相当于国际平均水平的一半和四分之一。[21]

风险管理与隐私保护　社交化业务是企业级转型战略，涉及企业整体运行和多个重点业务领域。因此，如何对风险进行管控就非常关键。缺乏一套科学的风险评估和管理方法是困扰许多中国企业发展社交化业务的主要障碍。在中国，对社交化业务具备较好风险分析能力的企业仅占11%。[22]另外，社交化业务涉及对企业、员工、客户、合作伙伴等多个参与方的隐私的保护，也是发展社交化业务过程中需要重点关注的领域。

治理结构和政策　当前的公司治理结构是依据现有的业务范围和流程制定的，社交化业务强调协作和重新整合利用资源的特点要求企业必须具备一个与之相适应的公司治理结构。这一点是大多数中国企业都缺乏的，拥有良好的支持社交化业务的公司治理结构的企业仅有14%。[23]

管理层支持　调研显示，中国企业的高层对推动社交化业务支持度较高，达到了39%，但中层管理人员的理解和执行力度不够，仅有14%的中层管理人员准备好将社交化业务纳入日常工作中去。[24]

社交化业务实施路径

社交化业务对企业的五个价值

企业确定发展社交化业务战略的前提是，清楚了解社交化业务为其带来的价值，以及为了实现这些价值在能力构建方面的关键点。我们认为，主要价值来自五个方面，即建立优异的客户关系，个性化和规模化的统一，更高的协作效率，无穷的创新能力，更高的运营效率。

1. 建立优异的客户关系

社交化业务可以让企业在社交化环境中更好地发现和满足每个消费

者的个性化需求。社交化业务还可以使消费者更主动更深入地参与到整个价值交付的各个环节中，从而提高消费者对品牌的忠诚度，进而使之成为品牌的倡导者。

用社交化业务建立优异的客户关系有三个关键点：其一，整合传统渠道（例如实体店）、各类社交媒体及智能终端（如智能手机、智能电表等）对消费者信息进行有效收集；其二，将社交行为信息纳入每位客户档案，并通过大数据方法提炼洞察其个性化需求；其三，利用社交化协作与客户进行全方位互动。

2. 个性化和规模化的统一

利用社交化业务实现个性化和规模化的统一有三个关键点：其一，利用信息化和技术手段将消费者和合作伙伴引入价值交付全过程中；其二，需求和资源的有效匹配，以“人尽其才、物尽其用”的方式整合各类资源充分地满足消费者个性化需求；其三，运用大数据、数据分析、新生产工具、新材料、柔性流程等技术手段对生产和服务交付能力进行改造和升级。

3. 更高的协作效率

用社交化业务提高协作效率有三个关键点：其一，清晰地定位个人和组织兴趣和专长，根据兴趣和专长来组织和促进协作；其二，不断优化协作流程和增强协作工具，促进协作者间资源共享；其三，建立项目和项目群管理能力。

4. 无穷的创新能力

社交化业务将亿万消费者和众多合作伙伴引入创新机制，这与企业只通过自己的力量进行创新相比，创新数量、创新速度、创新转化为商品的能力都有质的提高。

用社交化业务提高创新能力有两个关键点：其一，引入多方资源参与创新，促进创新协作和成果共享；其二，建立开放式创新管理能力。

5. 更高的运营效率

社交化业务帮助企业建立更紧密的客户关系、规模化地满足消费者个性化需求、借助众筹的力量进行创新、增强员工工作主动性。这些都帮助企业有效节约运营相关的各类费用和提高各环节的效率。

社交化业务转型的行动路径

企业的社交化业务转型不仅需要业务模式设计，而且需要运营模式的配合。本报告的第二部分将重点讨论社交化企业的运营模式及在五个关键运营领域的应用，包括人力和组织管理、产品创新、生产和服务交付、市场营销以及销售。社交化业务的应用将使这五大领域的运营原则和基础发生巨大改变（图 5.11）。

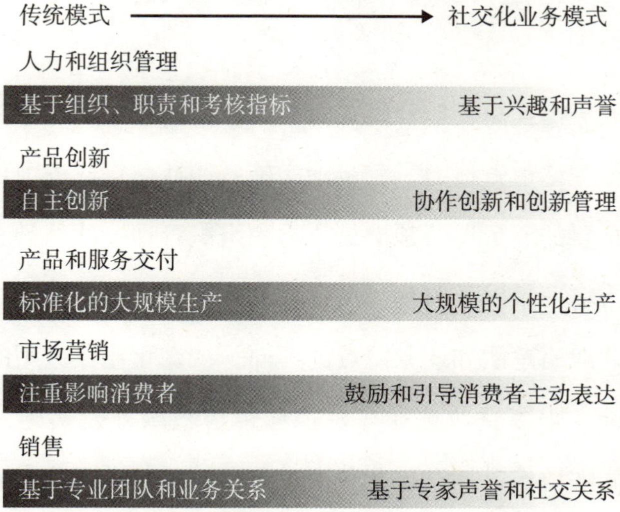

资料来源：IBV 分析。

图 5.11　社交化业务应用的关键业务领域

社交化转型对企业而言是全面深刻的转变，需要采取系统的方法保证转型的成功。我们认为，企业的社交化业务转型应该分成三步：1）模式设计，即根据公司的总体战略进行社交化业务模式的设计；2）开展项目，即分步骤在关键的业务领域开展社交化的项目；3）整合提升，即整合多个领域的社交化业务项目，实现社交化企业的升级。

1. 模式设计：根据公司战略进行社交化业务模式设计

模式设计是使社交化业务模式和企业的战略总目标一致。社交化业务模式规划需要对以下几方面进行明确的定义和规划：

- 定位企业在社交化业务模式中的位置，是组织者、参与方，或者既是参与方又是某个领域的组织者；
- 基于企业在社交化业务模式中的定位，设计企业在社交化价值交付过程中与组织者、消费者/客户、合作方以及员工的协作关系和商业模式，包括分享哪些资源，与谁协作，以及如何实现协作；
- 设计社交化业务模式需要的组织和管控机制。

2. 开展项目：分步骤在关键业务领域开展社交化业务项目

社交化业务模式需要运营模式的支持。我们建议企业第二步可以先选择某一两个关键运营运力，分步骤实施一些社交化业务项目。实施社交化业务最重要的五个运营领域是人力和组织管理、产品创新、生产和服务交付、市场营销以及销售。

根据企业战略意图和业务特点的不同，社交化业务应用的领域和优先级也会不同。很多企业选择在营销和销售领域率先实施，以快速见效。参与者间的协作是社交化业务产生效益的基础，因此在人力资源领域先期实施将有助于推动其他领域的社交化业务展开。

社交化项目实施的通用关键步骤包括：选择适当社交媒体组合构建

用户体验良好的社交环境；设计协作流程和提供工具；提供管理机制不断优化社交协作等。

3. 整合提升：整合多个领域的社交化业务项目，实现社交化业务模式

在多个运营领域实施社交化业务后，企业可以考虑将多个运营领域的社交化业务进行整合，实现企业级的社交化业务运营能力。整合后，社交化协作可以在端到端价值交付中实施，各种资源将能够跨领域、跨部门地协作和运营。比如，通过产品创新、生产和服务交付、营销和销售进行协同，根据对消费者需求的分析，为其主动推送及时的、本地化的、符合其消费能力的个性化的产品和服务解决方案。

企业需要整合各领域的社交化环境以支持企业级社交化业务模式形成。整合平台打通多个领域的社交化的业务流程，使内外部参与者能全面融入整体价值交付过程中。例如，IBM 利用 IBM Connections 建立内部员工协作环境，同时和 Facebook、LinkedIn 等外部社交媒体合作，将员工内外部的社交网络连成一体，同时也与客户建立社交关系，进行协作。

整合的社交化业务平台的另一个重要价值是，它为跨运营领域的数据整合和分析提供了基础，将来自企业内外部的多方数据进行整合分析，从而为企业带来巨大的价值，成为重要的资产。

在第三阶段，企业还需要重构组织结构使之支持全面的社交化业务模式。

社交化业务转型的其他重点考虑因素

企业在社交化转型过程中还要关注以下几个方面：严格风险管理，

保护隐私；监测和衡量社交化业务效果；建立有效的公司治理机制并获得从管理层到执行层的支持；变革管理确保平稳转型。

1. 严格风险管理，保护隐私

公司在管理社交化业务风险方面需要注意两个方面：一是正确定义风险并了解风险背后的驱动因素。首先要从公司层面整体思考风险，并给予某些特定风险以特别的关注。要全面了解相关的法律法规及其对公司的影响。要积极关注并消除风险背后的成因，以最大限度地降低未来的风险。同时，要在需要的情况下将合规工具融入公司的风险管理中。

二是要确保适当的人参与到风险管理过程中。企业要将与社交化业务相关的关键职能部门的专家（例如人力资源、法律、IT、市场传播、财务、风险管理等部门）和对相关问题感兴趣的业务部门领导召集在一起。制定社交化业务风险管理战略并与具体的行动相结合。要制订社交化业务员工培训和沟通计划。同时，还要持续地开展社交化业务风险评估，以监测公司在社交化业务转型中的风险变化。

另外，社交化业务是多方参与的开放的业务模式，因此保护隐私也是开展社交化业务过程中至关重要的一方面。这里的隐私不仅涉及员工，还包括消费者、客户和合作伙伴等。应该制定严格的政策、业务流程和使用必要的工具保护各方的隐私。比如，IBM 在公司内部推进社交化业务的时候首要的工作就是将所有社交行为与员工号相关联。员工不能通过匿名的方式参与任何网络社交行为。IBM 还有多种工具可以限定访问权限，以保护相关保密信息。

2. 监测和衡量社交化业务效果

对于社交化业务这一新兴的业务模式，企业需要建立一套监测和衡量社交化业务效果的体系，并将社交化业务的效果监测评估与企业现有的业务评估体系结合起来。企业还应该更广泛地关注社交化业务带来的积极影响，而不仅仅是通过员工数量减少等简单的指标来衡量。

例如，IBM于2007年启动了一个社交化业务项目，名叫BlueIQ，目的是通过企业社交软件的使用，提高面向客户的团队的生产力，它的目标受众是IBM传统销售人员和技术销售人员。为了能够准确衡量效果，从项目一开始BlueIQ就识别并收集了大量的量化信息，包括参与该社区的人数、成员的地理分布、工作职能分布、培训对话次数、博客评论数、文件下载数、成功案例数，等等。在该项目启动6个月后，BlueIQ开始分析这些数据，以检验成果。这些结果每季度向高层领导汇报，以更新项目进展情况。[25]

3. 建立有效的公司治理机制并获得从管理层到执行层的支持

为了保证社交化业务的顺利开展，企业必须组建专门的部门和团队负责推进和管理。另外，与社交化业务相关的考核指标也需要纳入考核体系。

BlueIQ项目团队由8位来自世界各地的员工组成，他们为IBM员工在日常工作中如何使用社交工具提供支持、培训、咨询和指导，以改善整个公司范围的协作与知识共享。为了使员工有效使用社交软件与工具，IBM制定了社交软件的使用准则，并在2008年将这些准则经修订后命名为“社交计算准则”。这些准则现已整合到业务行为准则中，IBM的全体员工每年都要参照该准则进行考核。[26]

社交化业务转型的成功还必须获得从管理层到执行层的支持。调查显示，公司高层一般对社交化业务重视程度较高，但是经理层对社交化业务的支持程度较低。企业可以通过推出奖励计划等方式确保社交化业务转型获得从管理层到执行层的支持。

4. 变革管理确保平稳转型

社交化业务转型对企业而言是重大变革，需要成熟的变革管理机制保证顺利平稳的转型。在机制上，我们认为，采用“用增量带存量”的方法较为现实，即在一些重点领域率先实施社交化项目，让管理层和员工逐渐意识到社交化业务的价值，随后逐渐增加项目的广度、深度和应用范围，采用渐进的方法完成转型过渡。

在方法上，社交化业务的变革管理要注意以下三个方面：一是积极鼓励员工使用社交工具；二是利用传统变革管理的方法支持转型；三是在变革过程中融入社交化手段。

结论

蒸汽机的发明使人类文明进入了工业时代，火车、汽车等交通工具的应用推动了第二次工业革命。作为业务模式，社交化业务将和新兴技术（包括新材料、新能源、新生产工具等）一道触发第三次工业革命，将人类文明发展向前推动。企业应及时将其应用于企业发展中，为未来提前做好准备。对这一机遇的把握不仅限于成熟的、占有很多行业资源的大企业。那些为数众多的新兴小企业如能利用社交化业务模式找准自己的定位，将获得改变行业地位的发展机会。

准备开展社交化业务的企业首先应该深刻理解社交化业务模式的内涵和运作机制，然后懂得利用合适的社交技术和分析技术让社交化业务在企业的各个关键运营领域得以展开。同时，我们认为，社交化业务转型是企业级战略，必须自上而下系统设计、周密部署、严格执行才能保证社交化业务转型的成功。

作者

祁剑　IBM 商业价值研究院（中国）咨询经理，她的电子邮件是：qijqij@ cn.ibm.com

詹颖　IBM 商业价值研究院（中国）咨询经理，她的电子邮件是：zhanying@ cn.ibm.com

张俐　IBM 中国研究院文本挖掘组经理，她的电子邮件是：lizhang@ cn.ibm.com

合作者

Eric Lesser，IBM 商业价值研究院研究总监和北美领导人
仓梓剑，IBM 全球企业服务部合伙人
苏中，IBM 中国研究院信息分析研究部高级经理
王洁舒，IBM 商业价值研究院实习生

致谢

丁伟，IBM 商业价值研究院（中国）院长
孙建，圆通新龙电子商务服务有限公司总经理

参考资料

1　新浪新闻载南都周刊，Teespring 众筹的新魔力，2013 年 2 月 28 日。
2　中国英雄无敌站-英雄世界 http：//www. heroworld. net；The Wake of God 官网，http：//www. strategyplanet. com/homm/wog/index. shtm，Might and Magic Heros Wiki，http：//mightandmagic. wikia. com/wiki/Heroes_of_Might_and_Magic_III：_In_the_Wake_of_Gods
3　豆瓣官网，www. douban. com；环球企业家，豆瓣网 CEO 杨勃：技术解决需求打造泛兴趣网络，2012 年 6 月 13 日。
4　新浪科技，“网购星期一”美国在线零售额逼近 20 亿美元，2012 年 11 月 27 日。
5　节选自天猫总裁逍遥子在 2012 年中国电子商务创新发展高峰论坛暨电子商

务跨界峰会上的讲话，该讲话记录由网易科技提供，2012 年 11 月 23 日。

6 天猫总裁逍遥子在 2012 年中国电子商务创新发展高峰论坛暨电子商务跨界峰会上的讲话；天猫总裁逍遥子在 2013 易观国际主办的“大浪淘商——易观电子商务盛会”上的讲话。

7 商业价值杂志，交行：用互联网的精神做银行，2011 年 08 月 2 日。

8 商业评论，C2B 互联网时代的新商业模式，2012 年 2 月。

9 《新工业革命》，作者彼特·马什（Peter Marsh），2012。

10 Knewton，“A teaching method premised on the idea that the curriculum should adapt to each user”

11 商业评论，C2B 互联网时代的新商业模式，2012 年 2 月。

12 路透社，IBM Selected by CenterPoint Energy to Enhance Customer Engagement with New Service Platform，2013 年，3 月 20 日。

13 City Carshare，“Bring car-sharing to your community”

14 Time. com，“A Year Later，Instagram Hasn't Made a Dime. Was it Worth $1 Billion?”，2013 年 4 月 9 日。

15 按照威客（witkey）模式创始人刘锋给出的定义：威客模式是指人的知识、智慧、经验、技能通过互联网转换成实际收益，从而达到各取所需的互联网新模式。主要应用于包括解决科学、技术、工作、生活、学习等领域的问题，体现了互联网按劳取酬和以人为中心的新理念。此信息来源自百度百科。

16 IBM Connections 是 IBM 开发的基于 Web 2. 0 的应用软件。它提供个人主页、社交网络、社区、论坛、维基、文件分享等几乎所有形式的社交应用。

17 维基百科对众包解释为：众包一般是指将一群志愿者或临时员工组织起来工作，每位参与者都完成一小部分工作，协作形成重要的工作成果。众包与正常外包区别在于众包的任务通常是由不固定的公众完成的，而不是事先协商好的特定人群完成。韦氏字典（Merriam-Webster Dictionary）对众包解释为：众包（Crowdsourcing）是指借助足够多的人进行社交协作来获得需要的服务、建议和内容等的交付方式。与它对比的传统工作方式则是利用企业员工或供应商来完成任务的交付方式。Threadless 是最早运用众包的方式的公司之一（对 T 恤设计进行投票，选择生产对象）。注：维基百科和韦氏字典“众包”解释词条的翻译由本文作者完成。

18　Hadoop 系统是由 Apache 软件基金会（Apache Software Foundation）开发的能够对大量数据进行分布式处理的基础架构，http：//hadoop. apache. org/

19　该技术是 IBM 研究院在 2013 GTO（Global Technology Outlook）提出的重要技术发展方向。

20　新兴的社交业务全球调研，IBM 商业价值研究院，2012。

21　新兴的社交业务全球调研，IBM 商业价值研究院，2012。

22　新兴的社交业务全球调研，IBM 商业价值研究院，2012。

23　新兴的社交业务全球调研，IBM 商业价值研究院，2012。

24　新兴的社交业务全球调研，IBM 商业价值研究院，2012。

25　IBM 内部访谈。

26　IBM 社交计算准则。

第 6 章

“向上移动的” 企业

——设定战略议程

文 / Phil Buckellew，Kevin Custis，Richard Esposito，Eric Lesser

电子商务在21世纪初曾代表着一种重大业务变革，与此类似，移动技术正在为当今的企业开创独特的机遇。移动能力不仅仅是一种新兴的消费者渠道，它也在颠覆传统业务模式，为业务提供新的数据和洞察来源，并推动着顶线和底线业绩。我们对600多家公司的调查和与30位移动行业领导者的访谈表明，接近半数的企业已经制定了综合的战略，涵盖了各种移动业务举措和大量实施挑战。另外，仅少数移动战略领导者拥有必需的构件来充分利用这些新的移动机遇。面临大好机遇，企业可以制定更加完备的移动战略，利用移动性实现业务和运营模式变革，推出更有效的移动IT流程和解决方案。

“这将使我们了解到，它是开展业务的根本方法。其价值主张在于：它已经嵌入到我们所做的事情中。5—10年以后，当我们再回头看时，会对所有这些事感到惊奇。”

上述引文看似来自一个未来学家在描述2000年的互联网。但实际上，这是我们最近采访的一位汽车行业高管对移动企业未来的描述。企业目前处在新一轮移动能力中，这些能力会彻底重塑业务模式，推动员工生产力的不断提高，并且改变客户了解、互动以及购买商品和服务的方式。

互联网曾经为企业创建并且仍在继续提供看似无限的可能性，移动能力则为互联的企业带来了另外一组新的机遇。它使很大一部分的全球人口更快地访问信息，并以前所未有的规模与其他人交流。

毫无疑问，消费者采用移动产品和服务的趋势将继续呈指数级增长。到 2013 年年底，智能手机用户数量将达到大约 14 亿，而且全球主要市场中超过 50%的手机用户现在已经是智能手机用户。[1] 超过 79%的智能手机拥有者利用他们的设备购买商品和服务。到 2017 年，美国通过智能手机获得的移动零售收入预计将达到 310 亿美元。[2]

消费者对移动技术的应用非常普及，而且从企业角度讲，移动能力的范围也在快速扩大。企业对平板电脑的采用（这种情况在三年前很少见）估计每年增长近 50%。[3]

另外，IBM 商业价值研究院最近对数字前端办公室的调研数据表明，人们在使用手机和平板电脑完成大量以前仅限于台式机的工作活动。这些工作活动包括访问电子邮件（62%通过手机，38%通过平板电脑）、协同和项目管理（25%通过手机，34%通过电子邮件），以及视频会议（30%通过手机，33%通过平板电脑）。[4]

从非传统办公室环境中执行这些活动和接入其他企业应用的能力可能从根本上改变企业执行大量活动的方式——从销售和客户服务到物流和维护。

同时，移动性还包含除使用手机和平板电脑之外的机遇。据估计，在 2014 年，可穿戴设备的市场规模将超过 15 亿美元，而到 2018 年，售出的设备数量将达到 3 亿到 4. 85 亿台。[5] 内置在腕表和眼镜等可穿戴设备中并且嵌入汽车、医疗设备和恒温控制器中的传感器将提供新的“大数据”来源，这些数据可用于提供更具针对性的产品和服务，并且创造新的收入来源。

由于移动技术带来了巨大的机遇，企业如何制定和实施移动战略，并且确定移动投资的优先次序？它们如何利用移动能力为客户提供更快、更有效的支持，并且重新定义业务流程和业务模式？它们如何开发出能够应对传统挑战（如集成和安全）的基础架构，同时利用移动市场中新的发展成果？

这些问题推动我们与牛津经济研究院共同进行了此次调研。参与调研的 600 多人都非常了解所在企业的移动战略。此外，我们采访了来自 30 多家公司的代表，这些公司已经为进入移动世界而采取了重大举措。

我们从调研数据中确定了一组企业——我们将这些企业称为“移动战略领导者”——它们已经确定了移动举措的明确方向，并且将移动战略视为与同行区分的因素。这些企业的多个业务指标优于同行，并且为更先进的企业向何处发展提供了辅助指导（详参“附件：方法论”）。

移动战略领导者也通过向移动战略投资而实现了明确的收益：73%的领导者通过移动举措获得了显著的投资回报，而在我们调查的其他所有企业中，这一比例仅为 34%。此外，81%的受访者称，移动能力正在从根本上改变企业开展业务的方式。一家旅行公司的高管简要指出：“我们快速认识到，人们当前所称的‘移动’不仅仅是始终携带小型计算机。它也是分发软件的新方式，并且带来了全新的期望和用户体验，这些都是由用户所使用的软件提供的。”

我们从调研结果中发现，移动性可提供一组新的能力，不仅显著加快了商务的速度，而且迫使企业重新思考其竞争优势的基础。这要求企业更深入地了解它们要提供哪些产品和服务，如何与客户交流，以及如何传达价值主张。简言之，移动性不仅仅是让计算能力触手可及，还会引发用户体验和期望的根本性变化。

制定移动战略

企业为何应关注移动战略的制定？理由非常明确。正如我们在互联网和电子商务的初期看到的那样，许多企业最初开展了许多通常互无联系的举措，导致了大量孤立且不协调的结果。由于缺乏与现有流程和基础架构的整合，这些做法通常会造成困扰，而且难以充分利用有限资源。当有限的移动技术技能和资源分散在企业中，它们将难以满足关键举措的要求，无法带来切实业务的效果，而且，它们使企业更难将移动举措整合到统一的企业战略中。要想成功实施移动战略，多个相关方应该密切合作，而在这个瞬息万变的领域，所有方面都有其存在价值。

移动战略：企业优势的新来源

从调研中我们看到，不到一半的企业表现出了精心制定移动战略的特征（图 6.1）。这包括拥有精心制定的与业务保持一致的企业移动战略、移动举措的明确融资机制以及移动举措的监管结构。同时，企业认识到，它们需要一种移动战略，用来有效地在未来开展竞争。目前，只有 20%的企业认为它们与同行相比拥有卓越或领先的移动战略，但超过两倍的企业（44%）预计其移动战略将在未来三年内领先于同行。

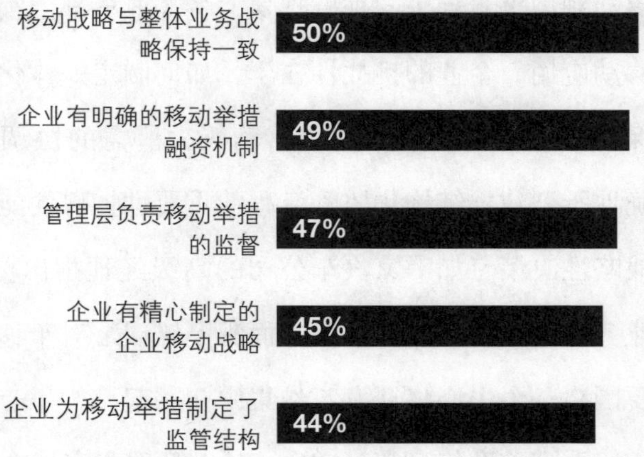

资料来源：IBM 商业价值研究院移动企业调研：您在多大程度上同意或不同意以下关于企业移动战略和移动实践的说法？（百分比表示同意或强烈同意）

图 6.1 近一半的企业有精心制定的移动战略

显而易见，移动性是企业希望增加投资的一个领域。总体来讲，90%的受访企业希望在未来 12~18 个月内保持或者增加对移动技术的投资，而移动战略领导者的意愿要强烈两倍，他们对移动技术的支出将增加 15%。一家金融服务公司的全球数字化部署主管说：“如果我们不向移动技术投资，我们赢得新客户和购置设备的能力会逐渐降低；我们的客户满意度指标会下降。”

监管：做出移动决策

在电子商务的初期，我们经常看到企业内不同部门缺乏协调，原因是每个部门都希望利用互联网。营销部门会与外部机构合作设计公司网页，而该网页不能与公司的客户服务活动有效地结合在一起。一个业务部门可能会推出与同一个企业中的其他部门不一致而且不标准的网页，使客户和员工感到困惑。

我们在移动领域也看到了同样的现象。各个业务部门很容易开发并发布自己的移动应用。企业的挑战性在于，如何制定一体化、统一的移动战略，确保在企业层面扩展并利用移动能力所需的协调性。在讨论中，我们明确地听到建立结构化监管流程的重要性，以便能够做出关于移动投资的战略性决策。如一家汽车公司的高级经理指出："我们在制作允许每个业务部门独立运作的网站方面犯了错误。对于移动技术，我们认识到需要围绕一个中心将开发工作集中在一起。"

目前，我们看到首席信息官（CIO）对于管理和实施企业的移动举措扮演着重要角色。我们请调研参与者指出负责五组战略活动的主要人员（或多个人员）的大致顺序：提出新想法、设定/管理优先顺序、确定资金来源、作为主要支持人和提供监管（表 6.1）。CIO 被认为是决策流程中的主要人物，在五个类别的四个中都排在第一位（CFO 负责领导筹资事宜）。

表 6.1　目前首席信息官（CIO）在大多数移动战略活动中扮演主要角色

排名	提出新想法	设定/管理优先顺序	确定资金来源	作为主要支持人	提供监管
1	CIO	CIO	CFO	CIO	CIO
2	LoB	LoB	CIO	CEO	CTO
3	PM	CTO	CEO	COO	COO
4	CEO	CEO	COO	CFO	CEO

资料来源：IBM 商业价值研究院移动企业调研：请指出参与管理和实施企业移动举措的主要参与者。请指出每项活动的三个参与者。

简写：首席信息官（CIO）、业务线（LoB）、项目经理（PM）、首席技术官（CTO）、首席执行官（CEO）、首席运营官（COO）、首席财务官（CFO）。

备注：首席营销官（CMO）也是一个选项，但该角色在排名前五位的答案中未提到。

总体来讲，我们也看到业务线（LoB）领导者及早参与到这个流程中；然而，在前两组活动之后，他们的参与程度似乎明显下降。这对企业来说是一个潜在挑战，它说明当 LoB 主管某移动举措时，他们会在早期阶段就将这项任务交给其他人，从而出现参与度“下降”的情况。

在考察移动战略领导者的监管实践时，我们发现了一个有趣的现象。对于这组人，首席营销官（CMO）在决策的初期扮演着更重要的角色；在推动想法产生的阶段，CMO 排在第二位；在设定/管理优先顺序方面，CMO 排名第四；在其他战略活动中，CMO 排名第七。在这个快速增长和变化的时代，由于了解客户需求和要求、使用有创意的设计以及品牌管理的重要性，领导者在移动战略制定过程中更乐意倾听高级营销主管的声音，这一点毫不奇怪。如一家电子公司的高级顾问指出：“在监管和决策过程中……要确保工程师听到客户的声音。”

总之，我们的采访着重指出了在移动举措中对于更高的跨职能部门参与度的需求。一位银行业主管说：“我们的监管结构——包括来自财务、风险、运营、客户服务、产品和应用开发、项目管理、技术、营销与战略等部门的代表——非常有效地增强了我们部署解决方案的准确性和速度。监管团队的积极参与反映了数字化对我们所做的每件事以及相互协作的重要影响。”

更加全面的监管团队可在多个层面提供帮助（图 6.2）。首先，它有助于保证 LoB 和实施部门的多种“声音”被听到，使企业能够将有限的资源投放到移动举措最有影响的方面。此外，它可帮助协调整合移动举措与企业数字化战略的其他方面，例如社交、云和分析。最后，更加结构化的监管可以更快、更协调地制定与技能培养、合作和其他涉及企业外部资源使用相关的决策。

移动性作为创新的推动力量

很大比例的移动战略领导者表示，移动性已经从根本上改变了企业

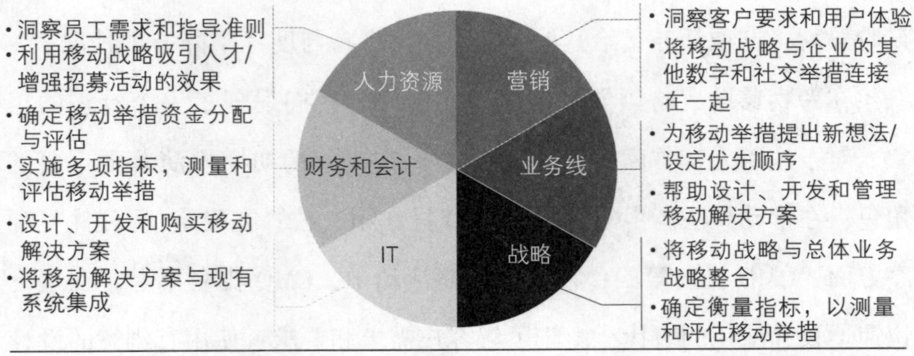

资料来源：IBM 商业价值研究院移动企业调研。

图 6.2　确定的监管结构（有来自整个企业的代表）是移动战略的关键组成部分

开展业务的方式。毫无疑问，超过60%的领导者指出，移动性在我们所谓的“企业模式创新”方面扮演着重要角色——企业重新定义其在价值链中的角色以及它们与合作伙伴、客户和其他相关利益方合作的能力（图 6.3）。

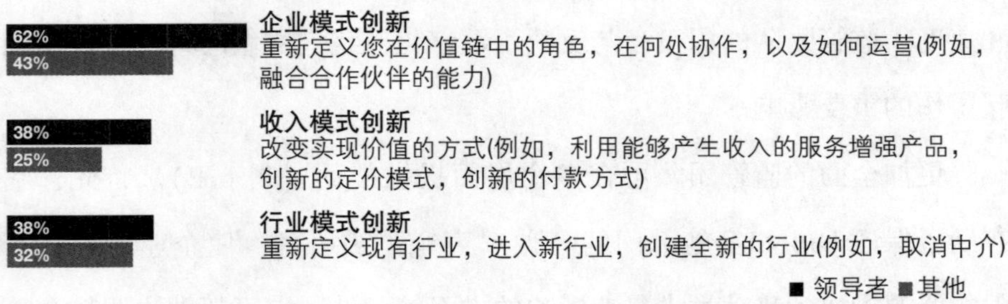

资料来源：IBM 商业价值研究院移动企业调研：使用移动能力推动了哪些类型的业务模式创新?

图 6.3　尽管企业纷纷采用移动能力寻求多种创新途径，但绝大多数仍然注重企业模式创新

除了业务模式创新，近 40%的领导者认为移动能力还推动了收入模式和行业模式创新。收入模式创新旨在改变企业通过开发新产品/服务和定价模式而实现价值的方式，移动能力可为其提供重要价值来源。

Tesco公司在韩国的品牌Homeplus是企业利用移动技术实现收入模式创新的绝好例证。Homeplus在火车站月台的墙壁上开发了虚拟走廊，使客户有机会在等火车时购物。客户可以通过一个应用扫描产品的二维码，然后，所购商品将在几小时内送到家。通过这种购物方法，Homeplus在三个月内将在线销售量提高了130%，而且应用的注册用户数量增加了76%。[6]

移动性可以帮助企业进入全新业务领域或者定义全新行业从而实现行业模式创新。Daimler过去是一家汽车制造商和金融服务提供商，创建了一个车辆管理解决方案，名为“car2go”，它允许驾驶员无须签合同即可租车，花最少的租金，租用最长的时间。在向公司登记后，驾驶员可以到指定地点，使用移动应用找到属于该计划的某辆汽车，并且使用通过传感器传输的私密接入代码使用汽车。Daimler将car2go从德国扩展到了全球7个国家和23个城市。全球car2go注册用户超过45万人，而且截止到目前，智能汽车已被租用超过1300万次。[7]

建议：制定移动战略

由于移动能力带来的力量、企业计划向移动领域的投资增加以及改变竞争环境的机遇，企业需要利用通用的能力和平台，制定出对内和对外的移动战略。

对于刚开始推出移动战略举措的企业，以下行动可帮助您开展这些举措：

全面而大胆的计划 确定移动技术在哪些方面可以从根本上改变业务流程和模式，以产生新的收入流，降低成本，或者重新定义企业在价值链中的角色。确保您的企业移动战略包含对外（例如客户自助服务应用或销售队伍自动化）和对内（例如自带设备或者创建员工应用商店）举措。业务案例应考虑直接成本和收益，以及未直接承担举措成本的部门所产生的成本和收益。

有针对性和重复性 选择性地在客户、员工和业务伙伴当中试验新的移动能力，从中获得洞察，降低风险，并且在全企业部署之前做出调整。根据最初的洞察，持续地快速调整移动服务。评估当前网络结构对于在必要时支持新举措扩展的能力。

协作和包容 确保您的监管团队由来自不同业务线和支持部门的所有相关利益人共同组成。由于移动技术可直接影响业务模式的变化，CEO 和业务领导人需要直接参与指导移动举措的方向。营销和人力资源等职能部门可提供关于客户与员工需求的直接洞察。同时，财务和战略部门的参与可以帮助制定业务案例以便日后投资，并且可以将整个企业中的稀缺资源集中在一起。除了高管的参与外，企业还应整合来自“数字原生代”的洞察，更好地了解最新一代的客户和员工如何利用移动技术。

在移动战略制定方面更先进的企业应考虑以下机会：

将机器对机器和基于传感器的能力融合到总体移动战略中 领先的移动战略抓住机会，将移动能力嵌入设备中，例如汽车和温度控制器，从中获取前所未得的信息。零售商和其他服务提供商也可以利用这些能力追踪购物模式，并且更有效地将人员配备与客户需求进行匹配。最大限度地利用从这些设备中产生的数据和洞察——不仅用于实现流程改进，更用于发掘新的收入流和业务模式。

邀请可信的合作伙伴参与制定移动战略 当今环境中，上市速度至关重要，因此企业必须及早让合作伙伴、客户和其他第三方加入到战略制定过程中。企业需要确定当前和未来各方获益和实现创新的机会，多方通力合作共同应对市场上可能出现的变化。

为未来做计划 由于客户需求和技术的快速变化，企业应当确定在未来两三年内保持竞争力所需要的能力。这促使企业培养内部技能，或者从外部购买这些技能，同时，帮助企业开发战略伙伴关系，最终实现移动项目的交付。企业还要确定保持长期竞争优势所必需的关键投资。

无论企业移动战略的成熟度如何，企业都需要回答表 6.2 所列出的问题。

表 6.2 需要考虑的关键问题——移动战略

总结	需提出的关键问题
企业认识到培养移动能力的重要性，但缺乏精心制定的移动战略	• 您的公司在多大程度上制定了精心设计的企业移动战略？没有移动战略的机会成本是多少？ • 您的移动战略与竞争对手的战略有何不同？ • 对于移动举措，在获得企业内适当的支持/资金方面所面临的挑战有哪些？
在首席信息官（CIO）积极参与当前的移动活动的同时，领导者也采纳首席营销官（CMO）的智慧	• 谁参与您的移动监管结构（例如 IT、营销、业务线、人力资源、财务和会计），各职能部门是否在移动战略制定和执行方面有效地合作？ • 业务线如何参与移动举措的每个阶段——从想法生成到实施和持续支持？ • 营销部门在您的移动战略中扮演什么角色？
企业利用移动技术寻求不同类型的业务模式创新	• 移动技术在您的公司内如何推动业务模式创新？ • 您的移动举措在多大范围内与企业的整体创新愿景和战略保持一致？ • 您预计移动技术如何改变您运作业务以及与第三方协作的方式？

资料来源：IBM 商业价值研究院移动企业调研。

改善客户体验，并提高员工生产力

对速度的需求

我们的调查结果指出了移动服务的一个重要机遇：能够更快、更好地响应客户需求。事实上，提高客户服务水平/满意度是利用移动技术增强客户体验带来的最好收益。51%的企业认为这一点很重要，其次是提高客户留住率（36%）和吸引新客户（31%）。

我们还让受访者指出采用移动技术提高员工生产力所带来的最重要收益。“更快地响应客户需求”的比例最高，58%的参与者将这一项选为关键收益，其次是“增强沟通”（48%）和“加快内部问题的响应”（38%）。

一家零售公司的创新和技术经理这样描述移动应用在公司订单管理流程中的使用：“销售人员可在相同时间内为更多客户提供帮助，而且客户会更满意，因为整个流程缩短了。他们不必制作整个报价书，然后到前台发现商品没有库存……客户可以即时地向销售人员了解这些情况，并且实时地做出决策。”

这些答复强调了有效的移动环境的一个关键优势：及时提供信息和洞察，为无论位于何处的客户提供服务。无论是允许客户通过自助应用查看服务问题的解决状态或访问社交网络查找难题的答案，允许销售人员查看更新的产品库存，还是允许维修技术员联系范例和相关主题专家，移动能力都可以缩短客户问题的解决时间，并降低工作量。

施工服务提供商 VCC 采用移动能力缩短了客户响应时间。为了提高现场项目经理的生产力和响应能力，公司开发了一种可通过多种移动设备接入的客户关系管理解决方案。在现场开发商业房产的项目经理可以访问建议书、项目联系人和其他相关信息。项目经理处理客户服务请求所需的时间缩短了 30%~50%，而且他们可以更轻松地获取信息，从而为客户做出更好的决策。[8]

向移动员工投资

有这样一个明确的趋势：在我们的调研参与者中，越来越多的员工在传统办公环境之外工作。三分之一的移动行业领导者指出，他们所在企业 20%以上的员工目前是异地/移动员工（图 6.4）。预计在未来三年内，50%的领先企业将达到这一水平。参与调研的其他所有公司也面临着类似的趋势——移动员工人数较多的企业比例预计将从 18%增加到 32%。

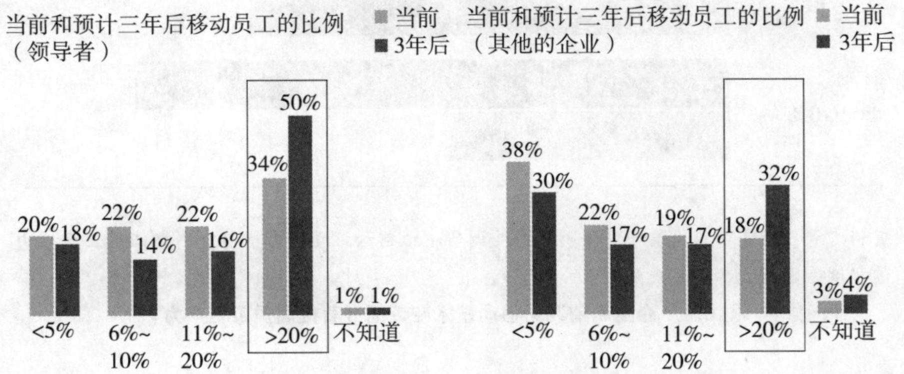

资料来源：IBM 商业价值研究院移动企业调研：在您的企业内，异地/移动员工的比例大致是多少（例如在家里或其他地方办公的）？您预计这一比例在 3 年后会是多少？由于四舍五入的原因，总数不等于 100%。

图 6.4　企业更快向客户提供服务的一种方法是增加移动员工的比例

这些数字表明，移动战略领导者在未来 12 个月内进行移动基础架构投资的最优先任务是提高员工在办公室外部工作的能力。78%的移动领导者和 44%的其他企业将这一点作为关键投资领域。

使用移动能力提高员工生产力是我们调研的许多公司的重要目标（图 6.5）。如今，一半的受访者表示，他们通过实施移动举措将员工生产力提高了 10%。然而，在未来三年内，40%的企业希望借此将生产力提高 10%~20%，36%的企业则希望提高 20%以上。这表明为员工提供的移动服务不仅用于增强现有的工作流程，更确切地说是需要企业将移动能力作为一项关键能力来重新定义工作活动。

移动能力目前在多大程度上提高了员工生产力？预计在未来三年后会怎样？

资料来源：IBM 商业价值研究院移动企业调研：请估计移动能力当前提高整体员工生产力的程度。您预计 3 年后会怎样？

图 6.5　企业希望利用移动技术在近期显著提高员工生产力

在另外一个例子中，位于英国的研究联合会——谢菲尔德大学高级制造研究中心开发了一种原型，用于显著提高航空、海运、石油天然气等行业中维护和维修业务的生产力。将增强现实技术和机器人结合起来，中心就能够将关键信息和远程专业知识直接交给现场工程师。采用配有摄像头的可穿戴设备，技术员可以从远程实时接收到指导专家的可视化支持。系统的初期使用已经将资本支出降低了 3%~7%，将产量提高了8%~15%，并且节约了10%~25%的运营成本。此外，在维修过程中收集的信息可以保存并重新利用，使关键知识能够传给下一代现场工程师。[9]

我们还看到，许多企业不仅将移动技术用于在现场提供价值，而且用于更好地了解传统办公环境中的员工如何提高生产力。许多企业已经采用可以测量不同信号（例如，RFID、运动和声音）的“社交测量仪”来了解人员如何在工作环境中进行互动。穿戴这些设备的员工产生数据，经过汇总以后，这些数据可以指出协作模式、人们交换和分享信息的地点，并且确定这些互动在一天内的什么时候发生。

Sociometric Solutions 公司 CEO Ben Waber 在最近出版的 *People Analytics* 一书中指出：“凭借可穿戴传感技术的飞速发展，物理世界中的数据也以极快的速度扩展……通过整合来自现实和虚拟世界的精确数据，我们能够以过去无法想象的规模了解行为。”[10]

自带设备（BYOD）：平衡复杂性和机会

员工将设备带到工作中，这一主题一直在 LoB 主管和 IT 部门的规划中。一方面，企业希望满足员工对于传统笔记本和台式电脑之外的不同设备的偏好。另一方面，由于不同设备的激增以及管理这些设备的成本不断增加，BYOD 已经成为企业内不断争论的来源。

调研指出，移动战略领导者明确看到了 BYOD 对企业的好处和机遇。与其他企业相比，这些领导者采用 BYOD 方法的比例高两倍还多（66%：32%）。领导者也更可能为成功实施这些计划而提供必要的支持。

例如，79%的移动战略领导者表示，他们的企业已经为员工使用移动设备制定了明确的政策（其他企业的比例是48%），78%的受访者称，IT 为 BYOD 参与者提供了必需的支持（其他公司为39%），而66%的受访者表示，他们提供了必要的培训（其他公司为34%）。这表明移动战略领导者认识到BYOD 不仅仅意味着接入企业网络的能力，它还需要新的 IT 支持和客户服务理念。

一家全球化银行公司在 2011 年试验并且推出了 BYOD 计划，旨在提高员工满意度，增强招募效果，并且降低企业设备的总体拥有成本。公司在一个月内实现了 108%的投资回报。

这一回报主要来自通过试验BYOD 快速、可靠地接入业务应用而产生的销售收入；降低企业购置、配置、支持和更换企业设备的成本；降低帮助台的支持成本。一位高级 IT 经理解释说：“通过开展 BYOD 计划，我们现在能够更灵活地确定在何处以及如何开展工作，而且人们在工作日能够更有效率地工作。BYOD 是一项创新计划，对内部营销非常有益，而且令我们的同行印象深刻。”

显然，BYOD 的趋势已经在许多企业中显现。然而，企业需要考虑的不仅是它们愿意支持哪些设备，还有监控这些设备所有权的政策。任何BYOD 战略的出发点都应出于企业内的多个使用案例：移动能力可为哪些活动提供最好的支持，需要启用哪些应用，以及哪些设备最能满足执行这些任务的人员的需求。在确定这些方面后，企业可以更有效地确定对 BYOD 计划的投资。

建议：改善客户体验，并提高员工生产力

刚刚开始向员工提供移动能力的企业应当：

确定移动能力可提供更快、更具吸引力的客户服务的流程：这包括

从向现场人员提供移动工具而在客户所在地快速找到答案，到允许员工更轻松地与其他组织的专家协作解决难题。移动能力也允许客户直接与公司专家和/或网络交流——例如，在远程销售人员提供关于潜在颜色和家具选择的信息时，与家人和好友分享潜在的房间设计。

使用移动能力完成例行任务和查询：在更多任务需要个人完成的时代，让员工通过移动环境处理行政管理任务能带来多项好处。对于客户数据输入、支出报告和批准等任务，通过移动办公可以免去员工汇报等待，节约更多时间用于和客户直接交流。同时，员工可以在一天内充分利用低效率的时间。

为在与工作相关活动中使用移动设备的员工制定安全和隐私保护措施：由于 BYOD 趋势不断增强，而且移动设备可在多种工作/非工作场景下使用，企业应积极地制定政策和指导准则，以保护敏感资料。这包括客户信息、特定业务应用和员工的个人信息。信息的保护对象应包括企业员工以及通过移动设备接入企业 IT 网络的外部承包商或业务伙伴。

已经在实现员工移动能力方面取得进步的企业应该探索帮助达成下列目标的可能方式：

利用基于位置的数据改善客户体验，并提高员工效率：尽管企业早在几年前已经开始追踪车辆和其他移动资产，但直到现在，企业才能在更大范围内识别客户和员工的互动模式。例如，上下文信息可提供宝贵的洞察力，用于了解员工任意时间点在分散环境中的位置。这可以让员工更加动态地安排路线和日程，帮助提高对客户的响应能力，同时增加创收机会。

为员工定制移动体验：在 BYOD 环境中，员工需要获得与特定工作需求相关的正确应用、接入能力和权限。要做到这一点，一种方法是开发出根据职能和工作角色而配置的内部“应用商店”。另外，企业应考虑将个人设备的配置融合到更大范围的新员工定位/就职活动中。

像管理其他企业资产一样管理企业拥有的移动设备：对许多企业来说，对移动设备的管理程度与其他 IT 资产不同。然而，随着这些设备变得对于关键业务活动的执行更加重要，企业需要考虑以特定的流程监管设备的采购、分发和维护。这些流程需要满足移动设备的独特要求，包括更短的更换周期、对于频繁应用变更的管理需求、对于在传统办公室帮助之外提供帮助台支持的需求。

表 6.3 中的问题可帮助企业在改善客户体验和提高员工生产力方面确定各项要求的优先级。

表 6.3　需考虑的关键问题——改善客户体验，并提高员工生产力

总结	需提出的关键问题
企业希望允许员工通过移动设备提供更好的客户服务	更快地响应客户如何改变行业内的竞争性质？您如何利用移动设备为顾客提供更好的自助服务？ 在移动技术方面，您的竞争对手注重哪些举措？
企业对采用移动设备作为提高员工生产力的工具高度重视并大力投资	哪些员工可从增强的移动能力中获得最大收益？ 哪些现有能力可经过修改而利用移动能力？在为员工配备移动设备时，会出现哪些挑战？
这个领域的领导者看到了员工使用自带设备并提供必要支持的好处	您的企业在多大范围内实施了自带设备（BYOD）战略？现有政策和程序对员工使用移动设备的有效支持程度如何？ BYOD 对支持流程和服务等级协议（如采购、IT 支持）有何影响？ 您如何管理 BYOD 环境中的安全性？

资料来源：IBM 商业价值研究院移动企业调研。

构建移动环境

从新的客户应用的设计、与现有系统的集成到数据与分析的新用途开发，移动解决方案迫使信息技术主管在当前和未来的技能、能力和基础架构方面做出新的（也许很艰难）决策。

对设计的重新关注

移动解决方案推动企业重新思考用户体验，包括应用管理过程中的数据呈现和互动模式。触觉和声音成为移动体验不可分割的一部分；便携性和带宽对用户体验都有影响，这些方面可在不同设置和情景中变化。跨多个渠道向用户提供持续交易能力的要求使事情更加复杂。

移动设计的复杂度高，企业在这方面一直困难重重。57%的受访者表示，他们在开发/购买移动应用方面面临着质量和功能挑战，而46%的受访者发现，他们很难保证高质量的用户体验。另外，40%的受访者指出，他们在现有开发平台/基础架构方面面临着挑战。

由于认识到需要跨多个平台创建卓越的用户体验，移动战略领导者越来越多地利用合作伙伴管理其平台和应用。领导者希望将内部平台开发的比例从当前的57%减少到三年后的47%，同时将共同采购的比例从27%增加到35%，将外包比例从16%增加到19%。

与此相似，对于应用开发来说，内部管理的比例将从62%下降到53%。同时，共同采购将从22%增加到27%，外包从16%增加到20%。尽管企业将继续保留相当大比例的应用开发工作，但很明显，从更长期的时间来看，它们将努力通过技术和外部伙伴来加强应用开发。

集成、安全和分析：移动时代的能力

在被问到企业当前面临的最棘手的移动挑战时，将移动应用与现有系统集成的能力是一个重要主题。54%的受访者将此视为一个关键问题。

移动战略领导者认为集成是他们比同行更成功的方面（图 6.6）。在移动领导者中，70%左右的受访者指出，他们利用 API 开发外部或基于云的数据服务，提供面向服务的架构，并在系统/设备间共享信息，因此成功地保证了移动平台与其他系统的互操作性。然而，大约40%或更少的非领导者表示他们在这些任务方面取得了成功。

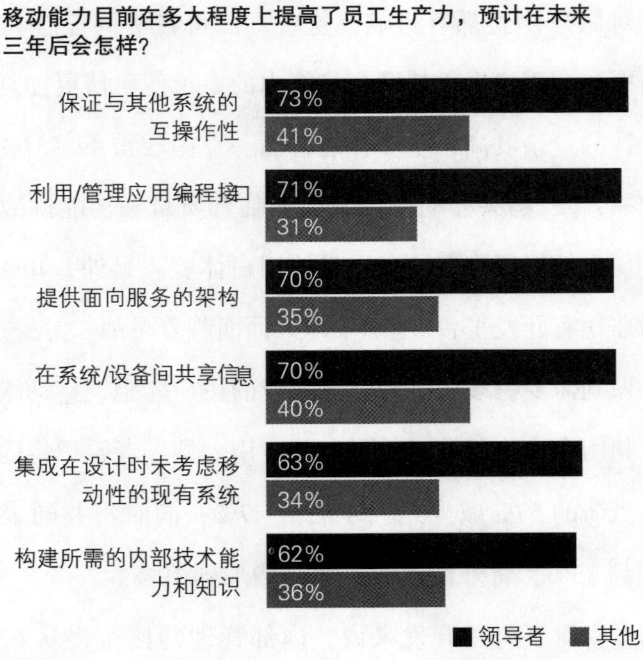

资料来源：IBM 商业价值研究院移动企业调研：您的企业在多大程度上成功开展了与移动应用和其他应用或后端系统集成相关的以下活动（百分比表示同意或强烈同意）。

图 6.6　移动战略领导者在应对集成挑战方面更成功

加拿大航空通过移动平台成功集成了前端和后端系统。该公司开发了一个应用，允许客户查看航班状态，并获得电子登机牌。通过该应用提供的信息实时发送，同时可供代理与客户使用。应用的下载量已经超过150万次，并且在发布后的一周内，在加拿大的苹果移动商店已经排名第二。在该应用成功推出后，加拿大航空公司将每次登机的成本降低了80%。[11]

安全性是企业面临的第二大挑战（被53%的受访企业指出）。在集成方面，移动战略领导者的时间和精力都已集中到安全上。超过80%的移动战略领导者指出，他们有效地处理了安全问题，例如数据保护、连接安全性、设备管理、威胁检测、移动应用安全和用户安全（图6.7）。相反，不到62%的其他企业称它们有效地解决了这个问题。

由于移动交易在未来几年内的预计增长量，企业必须对用户及其数据的隐私和安全保持谨慎。另外，随着移动服务不再局限于传统设备，还包括嵌入式移动平台，安全能力也需要适应这一要求。一家汽车制造商的战略与规划总监指出：“随着汽车收集越来越多的数据，我们面临的挑战是确定数据的所有者，哪些数据是私人的，哪些是机密的。”

分析是企业认为需要额外关注的另一个方面。从我们的讨论得知，关注方向分两大类：（1）使用分析技术了解人们如何使用移动设备；（2）利用从移动交易/互动中收集到的底层数据。总体来讲，50%的企业指出，了解客户如何与移动应用/解决方案互动是一项严峻的挑战，而48%的企业表示，它们很难使用基于移动数据的分析结果。

移动战略领导者在分析方面的表现尤其优秀。70%左右的移动战略领导者认为他们有效地应对了某些方面，例如处理结构化和非结构化的移动数据、处理海量数据、分析移动数据，以及根据这些数据采取行动。但是，不到37%的非领导者认为自己有能力处理这些问题。此外，近70%的领导者高度关注在数据存储、数据管理和分析方面的投资，而只有不到45%的其他企业会这样做。

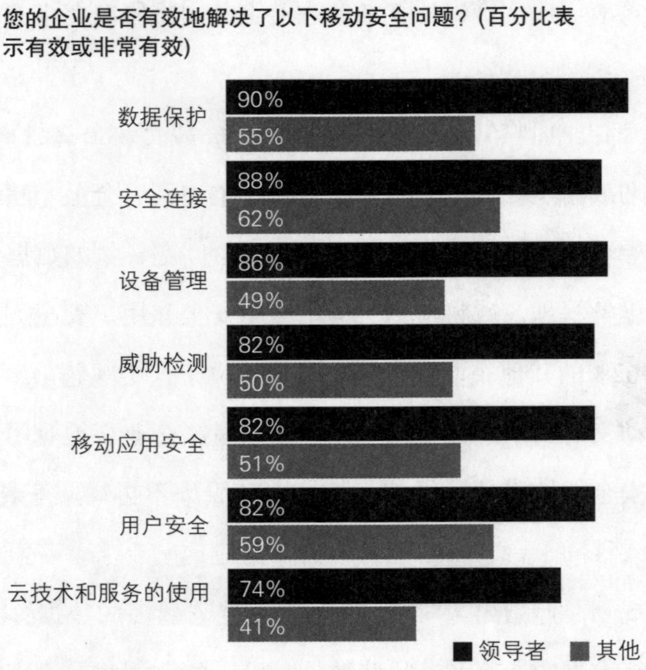

资料来源：IBM 商业价值研究院移动企业调研。

图 6.7 移动战略领导者也认识到保证移动能力安全的重要性

建议： 构建移动环境

对于开始构建移动开发环境以期在市场中实现竞争优势的企业，要考虑以下建议：

在创建环境时考虑多渠道体验，对移动设计、开发和集成工作需要做更全面的考虑 考虑客户如何互动以及在何处发生（移动还是其他形式)；客户如何在网站和应用中导航；以及企业如何评估总体客户体验。设备间的转换需要以无缝的方式实现，而且当最终用户在智能手机、平板电脑、电视和可穿戴设备间切换时，数据和交易应该保留。

评估当前的应用组合和开发流程，确定更有效地提供移动解决方案的机会 这一评估的结果可着重指出各种问题，包括开发工具不足、流程不完善和技能缺乏等。对成功开发移动应用所需的工具、方法和技能进行基准测试和评估，帮助企业制定更明确的案例，以便招收更多人才，升级内部能力和平台，或者与外部机构合作。企业还应考虑建立移动卓越中心的可行性，将其作为建立全企业统一标准的人才库和机构。

将移动性整合到现有安全环境中 由于潜在的移动终端的数量和种类繁多，移动设备容易丢失或被盗，以及与接入敏感资料相关的挑战，企业需要在移动环境中采用与传统IT环境中同样严格又先进的安全方法。例如，使用预测分析可帮助审查以前的漏洞模式和外部威胁，以识别潜在的攻击漏洞。分析也可以帮助监控员工行为，指出不当行为的模式，并且对可能存在威胁的外部环境提供持续的评估。保障客户移动交易的安全也是金融服务业以及涉及大量高价值交易的其他行业的关键要求。

对于已经采取了更成熟的移动开发举措的企业，关注以下问题可以进一步改善整体效果：

发挥API的价值 随着API快速推动了一种新的应用装配、开发和集成理念，企业领导者必须制定一种移动API组合和管理战略，这一点至关重要。强有力的移动API战略可以带来多项关键好处，例如提高开发和集成效率；利用外部来源而增加功能的能力；将移动资产扩展到第三方生态系统中；从服务或资产中获得价值的新业务模式；以及与第三方开发人员联合创新。为每项战略制订一个计划并且在API开发、宣传和平台管理方面提高能力都是关键成功因素。

利用分析能力为最终用户和消费者提供与情境相关的行动建议 移动信息可以产生大量与情境相关的移动交易时间和地点信息。企业有机会将这些数据与来自以前交易的更多企业数据结合在一起，以确定未来的最佳建议和行动。这种方法有助于增强对移动技术的持续关注。

密切关注新兴云服务为增强移动业务参与度带来的机会 移动技术正在快速演进，企业应评估云的能力，即利用通知或基于位置的服务增强参与度的能力。企业需要考虑通过云交付的移动生命周期解决方案是否满足对安全的要求，是否符合现有的业务约束条件。企业还可以审查基于云实现移动开发/运行团队之间协作的潜力。

表6.4中的问题可帮助企业评估其移动技术环境：

表6.4 需考虑的关键问题——构建移动环境

总结	需提出的关键问题
客户需要更高质量的移动用户体验，以满足他们不断变化的需求	您的移动设计和开发流程是否有效地帮您了解客户需求，并且为满足这些需求而快速开发解决方案？ 您在内部管理哪些职能，并将哪些职能外包给第三方？ 您的企业是否轻松地跟上最新的移动数据和技术的行业标准？
与现有系统集成和安全性是当前企业面临的主要移动挑战	原有系统在多大程度上阻碍您的企业与移动系统链接？ 您的企业如何有效地应对移动安全威胁？ 您的企业如何逐步利用移动应用编程接口（用于构建软件应用的一组例行程序、协议和工具）与大量现有应用链接？
领导者凭借移动分析的能力而实现差异化	您认为移动分析如何帮您实现业务目标？ 您在多大程度上将分析功能用于以下活动： • 客户和员工的移动技术使用 • 客户通过移动渠道购物的倾向 • 客户和/或员工位置和状态 您的企业内部是否有利用移动数据的技能和能力？

资料来源：IBM商业价值研究院移动企业调研。

结论

通过对企业内与移动举措密切相关的高管进行调研和访谈，我们得出一个明确的观点。移动性不仅仅是一项举措、一个计划、一个孤立的渠道或者昙花一现的时尚。相反，它已经变成一个无处不在的透镜，企业必须通过它来考虑其基本原则：如何与客户互动，如何开发并交付产品和服务，以及如何利用实体、人力和数字资本。

我们的调研指出，企业希望通过移动举措而改善客户体验，提高员工生产力，最重要的是在市场上传达新的、创新的价值主张。尽管新技术的使用总是会伴随风险，但我们也看到，随着客户期望的提高，以及新的竞争对手在该领域取得成效，不利用移动能力也会带来风险。

企业的移动战略离不开以下基本原则：在企业内，移动技术能在哪些方面创造最大收益；企业如何促使 IT 职能部门更有效地开发移动解决方案；需要“激励”哪部分员工实现最高的投资回报。

也许更为重要的是，企业需要明确移动战略的重要性排序，如何将移动举措与企业内的数字化举措整合在一起，如何使用移动能力开发新的、创新的业务模式，帮助企业在市场上实现竞争优势。与 15 年前互联网要求重新思考商务的性质一样（目前仍是如此），企业必须考虑这种新的移动转折点将如何改变其未来方向。

附件：方法论

IBM 商业价值研究院与牛津经济研究院合作开展了这次在线调研，调研对象包括 601 位了解其企业中的移动举措的人员。受访者来自 29 个国家，而且来自成熟和高增长国家中的人员比例大致相当（图 6.8）。

至少 50 位受访者来自八个行业：银行、保险、零售、旅行和交通、电信、政府、医疗和汽车，其余来自其他行业。我们还与多个行业的企业进行了 30 次访谈，目的是更好地了解与移动性和移动战略制定相关的问题。

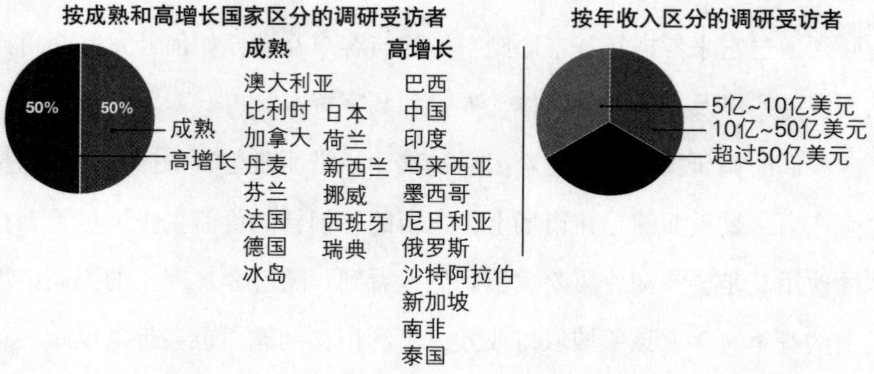

资料来源：IBM 商业价值研究院移动企业调研：您个人位于哪个国家？您的企业大致全球收入是多少美元？如果是公共行业，您的企业在去年的预算大致是多少美元？

图 6.8　针对本项目的调研

更多的分析是与一组“移动战略领导者”共同进行的——这些企业满足移动战略制定的两个标准。

第一个标准是：他们同意或者强烈同意以下五种说法中的至少三种：

- 我的企业具备精心制定的企业移动战略；
- 移动战略与企业的总体业务战略一致；
- 管理层负责监督移动举措；
- 我所在企业的移动举措有明确的融资机制；
- 我所在企业对移动举措设置了监管结构。

第二个标准是：在要求将自己与当前的同行对比时，这些移动战略领导者指出，他们拥有卓越或领先的移动战略（4或5分，总分为1~5分）。总体来讲，14%的企业属于这一类别。此外，更多移动战略领导者指出，他们在收入增长（47%：31%）和利润（54%：35%）方面的表现优于同行。

作者

Phil Buckellew IBM 软件事业部企业移动业务副总裁。Phil 负责为 IBM 跨企业移动战略和软件组合制定议程表，主要业务是帮助客户利用移动技术实现业务转型，将业务拓展到新市场，并以新的方式联系客户、合作伙伴和员工。他的联系方式是：pbuckell@ us.ibm.com

Kevin Custis 全球企业咨询服务部的 IBM 社交业务和移动事务负责人。他带领一个由管理顾问组成的全球团队与客户合作，了解并执行社交、移动、分析和云推动价值链产生新应用模式的全新运算时代带来的转型可能性。Kevin 的联系方式是：kcustis@ us.ibm.com

Richard Esposito 企业基础架构服务部的 IBM 全球副总裁。在当前的职务中，他负责帮助客户利用移动、员工、数据中心、网络和云计算解决方案改善技术基础架构。Richard 的联系方式是：raespos@ us.ibm.com

Eric Lesser IBM 商业价值研究院的研究总监和北美区领导人，负责监督 IBM 通过基于事实的研究并开发思想领导力。他的联系方式是：elesser@ us.ibm.com

项目组

Linda Ban，全球高级管理人员计划总监，IBM 商业价值研究院

Pamela Hurwitch，咨询经理，IBM 全球企业咨询服务部

Keisha McKenzie，移动企业营销-IBM MobileFirst

Davon Snipes，咨询经理，IBM 全球企业咨询服务部

合作者

Stephen Ballou、Bill Bodin、Ed Brill、Piero A. Chiodo、Tracy B. Clark、Kimberly J. Clendenin、Jonathan Fan、Ryan Fischer、Bambi Grundwerg、Jamie Hofberger、Kevin Larsen、Kristen Lauria、Gareth Mackown、Kathleen Martin、Joni McDonald、Michael Montecillo、Dawn Nash、Dirk Nicol、Alex Outwater、Christopher Pepin、Kevin Shiu、Kimber Spradlin、Ben Stanley、Rob Van Den Dam 和 Michael Ziegler。

同时感谢牛津经济研究院的Debra D'Agostino、Ed Cone和Daniel Miles在项目中提供的帮助。

参考资料

1 “Smartphone Adoption Tips Past 50% in Major Markets Worldwide.” eMarketer Newsletter. eMarketer. com. May 29, 2013. http://www. emarketer. com/Article/Smartphone-Adoption-Tips-Past-50-Major-Markets-Worldwide/1009923#bKLIS23S3H76qg0F. 99; McDermott, John. “A Majority of U. S. Mobile Users are Now Smart Phone Users.” Ad Age. May 28, 2013. http://adage.com/article/digital/a-majority-u-s-mobile-users-smartphone-users/241717/; Leonard, Heather. “There will soon be one smartphone for every five people in the world.” Business Insider. February 7, 2013. http://www. businessinsider.com/15-billion-smartphones-in-the-world-22013-2

2 Mulpuru, Sucharita. “U. S. Online Retail Forecast, 2012 To 2017.” Forrester. March 13, 2013. http://www. forrester. com/US+Online+Retail+Forecast+2012+To+2017/quickscan/-/E-RES93281.

3 “The Year of the Enterprise Tablet-Infographic.” Industry News, Vertec Blog. Vertec. April 18, 2012. http://www. vertic. com/blog/year_ of_ the_ enterprise_ tablet_ infographic/

4 Based on IBM Digital Front Office survey of 5, 111 consumers from 12 countries, to be published in 4Q 2013.

5 Bhas, Nitin. “Wearables-The Next ‘Smart’ Thing.” Juniper Research. November 2012. http://www. juniperresearch. com/whitepapers/Wearables_ the_ Next_ Smart_ Thing; Ballvé, Marcelo. “Wearable Computing: From Fitness Bands To Smart Eyewear, A New Mobile Market Takes Shape.” Business Insider Intelligence. April 16, 2013.

6 Nicol, Dirk. Mobile Strategy: How Your Company Can Win by Embracing Mobile Technologies. IBM Press. 1st edition. 2013; Solon, Olivia. “Tesco brings the supermarket to time-poor commuters in South Korea.” Wired. co. UK. June 30, 2011. http://www. wired. co. uk/news/archive/2011-06/30/tesco-home-

plus-billboard-store

7 Steinberg, Stephanie and Bill Vlasic. "Car-Sharing Services Grow, and Expand Options." The New York Times. January 26, 2013. http://www.nytimes.com/2013/01/26/business/car-sharing-services-grow-and-expand-options.html; "car2go." Mobility concepts. Daimler Web site, accessed September 20, 2013. http://www.daimler.com/technology-and-innovation/mobility-concepts/car2go

8 IBM case study. "Leading construction company penetrates new markets." January 17, 2011. http://www-01.ibm.com/software/success/cssdb.nsf/CS/SCHA-8CZNBG?OpenDocument&Site=default&cty=en_us

9 IBM Research and The University of Sheffield Advanced Manufacturing Research Centre (AMRC) joint partnership. http://www.amrc.co.uk/

10 Waber, Ben. People Analytics. FT Press. 2013; Waber, Ben. "The Next Big Thing in Big Data: People Analytics." May 16, 2013. http://www.businessweek.com/articles/2013-05-16/the-next-big-thing-in-big-data-people-analytics; Lindsay, Greg. "Engineering Serendipity." The New York Times. April 5, 2013.

11 Nicol, Dirk. Mobile Strategy: How Your Company Can Win by Embracing Mobile Technologies. IBM Press, 1st edition. 2013; "Air Canada-Smarter Planet Leadership Series Video" IBM. http://www.youtube.com/watch?v=dyXuheNcJDs; Air Canada, iPhone application. IBM Interactive, IBM Design. IBM Web site, accessed September 20, 2013. http://www-01.ibm.com/software/ucd/gallery/aircanada_services_ravereviews.html; Air Canada Web site: www.aircanada.com.

第 7 章

个人企业

——移动性如何改变业务

文/Fred Balboni, Saul J. Berman, Peter J. Korsten

执行摘要

与互联网在以前的情况一样，移动网络——以及利用移动网络的设备——正在彻底改变我们与世界互动的方式（图 7.1）。从我们如何与商家交流、如何教育学生到如何娱乐，所有方面都在以惊人的速度向移动平台迁移。同样，与互联网在以前的情况一样，许多企业严重低估了这场刚刚开始的革命其全面而持续的影响。

图 7.1　移动转型无处不在

在我们周围随处可以看到移动转型的证据。全球每天售出的智能手机和平板电脑数量比新生婴儿数量多 10 倍。普通人每天查看智能手机 150 次，或者几乎每 6 分钟一次。[1] 可穿戴设备市场预计在未来四年内将增长至少五倍。[2]

这些移动设备不仅在我们的集体信息消费行为中扮演重要角色，而且不断生成更多的新型信息。每天产生的数据超过 25006 字节，包括上传的无以计数的视频、图片和地理定位信息，以及每天来自移动设备的社交媒体更新，导致移动数据流量每年的增长率达到 80%。[3] 许多企业已经使用先进的数据分析技术从日益增多的数字化信息中挖掘洞察力和上下文信息。这些洞察推动我们更好地了解周围的世界，并且改变了人们、企业和政府之间的互动方式。

但是，尽管企业迅速采用分析技术获得竞争优势，并且热切拥抱移动技术，但它们仍未充分理解这项技术的全部意义。许多已经制订移动战略的企业尚未走完第一阶段——例如将移动作为新的渠道与客户开展交易，或者作为企业沟通工具。有些企业甚至还没有正式地支持移动设备。

我们认为，在各行各业，所有规模的企业目前都必须超越众象，注重消费者，并思考移动技术在企业内的真正转型潜力。通过将分析能力与无处不在的移动技术相结合，企业有机会在适当情境中根据用户偏好和行为提供丰富的位置数据。这些“移动”解决方案将日渐成为一种认知扩展手段，使员工和企业能够快速获得新技能，在更大范围内更好地协作，并且改进决策。针对每个员工特定需求而定制的信息平台可动态重新配置工作流，从而在正确的时间、正确的地点将正确的信息（仅仅将正确的信息）提供给正确的人。

我们将此称为个人企业。它通过移动设备而实现，而这些移动设备配备了分析能力，并且通过新一类高权限员工而进一步增强。我们坚信，利用这种模式构建业务和信息系统的企业能够发挥员工的全部潜力，不断演进其业务模式，甚至创建全新的业务模式，从而实现移动性的全部转型力量。所有这些目标是确保最终用户更高的参与度和满意度，使他们在需要的时间和地点以更低的成本获得真正需要的内容。

双重革命

移动性已经影响了我们生活的各个方面，无论是个人事务还是专业工作，这一点毋庸置疑。目前已经有许多创新的技术应用：监控驾驶习惯并提供驾驶员安全保险折扣的 GPS 设备；非洲的移动支付系统；城市内基于位置的出租车叫车应用。这些只是移动设备所实现的多种可能性的一部分：便携、互连、个性和智能。的确，客户体验永远不会相同。

商业界非常了解这种变化。在 IBM 最近的最高管理层调研中，84% 的 CIO 将移动解决方案视为更靠近客户的关键投资，[4] 而 94% 的 CMO 认为移动应用对其数字营销计划至关重要。[5] 然而，他们考虑的大多数移动应用都是面向客户的应用，而这只是等式的一半。

多年来，大数据和分析一直改变着人们合作的方式，挖掘前所未察的见解，使员工能够做出更好的决策，并且改善从客户洞察到运营效率的各个方面。在此期间，企业从维护“记录系统”（在大型、复杂、多数据集中的计算机系统中存储并分类高度结构化的信息）转向“参与系统”（允许更多用户检索和提供结构化和非结构化数据），进而转向

“洞察系统”（快速实现所有这些分散数据的智能化和可预测性）。

移动技术改变工作方式的潜力显而易见。但其全部价值只有依靠分析技术才能实现。这两种技术结合在一起，将彻底重新定义我们工作的方式。

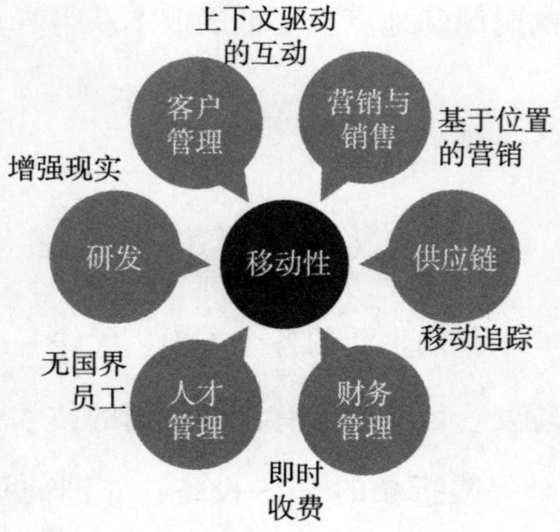

图 7.2　移动性影响企业开展业务的例子

通过移动技术获取精确位置和上下文信息是运用数据分析技术从复杂数据中挖掘洞察力的理想过滤机制，将这些洞察力提供给参与点的员工——无论他们是与客户、业务伙伴还是同事交流——从而消除员工和所需信息之间的障碍。

定义个人企业

个人企业这一概念令人产生未来主义和抽象的感觉。但技术和能力已经存在。其强大能力可以决定在何时、何处向何人提供哪些信息。移动和分析的适当应用可显著缩短识别形势和采取行动之间的时间差，大大提高生产力，并允许从根本上重新设计工作流。此外，它可以改进决策质量，无论是小决策还是大决策，也无论是在企业内部还是外部。

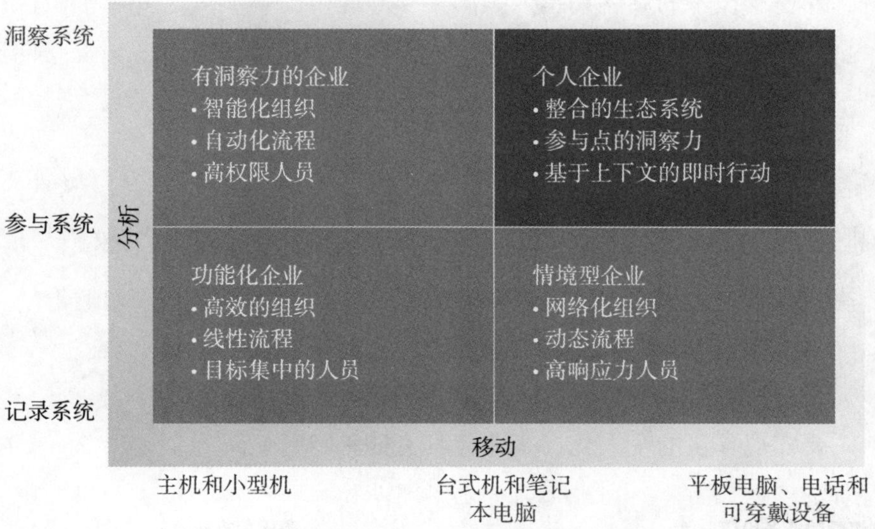

图7.3 移动和分析技术的双重革命推动了个人企业的出现

例如，在过去几年，汽车制造商显著扩展了业务伙伴生态系统，增加了卫星服务提供商、基于 GPS 的交通服务、移动设备制造商和管理员服务。所有这些新型合作伙伴必须无缝地互动，在合作伙伴和最终用户之间互相收发基于位置且基于上下文的信息。移动性是这种变化的主要推动力，推动了企业实现经济整合并实现新的业务价值。

这一动态可在企业内部发生。线性业务流程将演变成围绕具体任务而组织在一起的应用，持续地结合来自多个来源的最新信息。员工不再受到严格流程、知识不完整或者员工技能、位置或情况的限制。相反，可动态配置的平台和应用将员工解放出来，在需要时将组织的专业能力准确地分配到需要的地点，并且作为一种认知扩展而帮助员工更快地做出更明智的决策。

案例 在店内销售竞赛中获胜

移动技术为店内销售人员满足喜欢比价的购物者的要求提供了所需的分析能力和工具。销售人员可以接入产品价格对比和库存地点等信息，并借助数据和自治权做出实时的决策和提议，从而阻止不断下滑的店内销售额。店员可以提供与客户通过在线方式获得的同样好（甚至更好）的信息，这样，传统零售的真正优势得以发挥：个人互动和建议、“触摸和测试”能力、以具有竞争力的价格即时交货。

要实现真正的个人化，企业应具有四种特征：

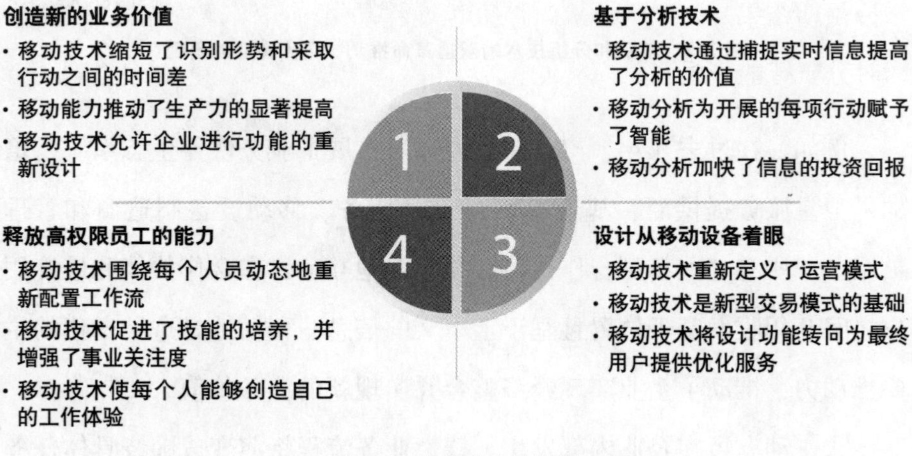

图 7.4 个人企业的特征

创造新的业务价值

借助移动技术实现的更快响应速度使个人企业比其前一代更加敏

捷。通过提高人员效率并减少流程浪费，个人和企业都可以用更少的投入获得更高产出。时间优化的决策方式改进了结果——例如，最后一秒定价决策优化了利润率。

通过移动技术在需要的时间和地点传播关键能力和专业知识，可以进一步增强生产力改进，从而在充分利用企业资产的同时，帮助企业找出能力差距。与大多数面向消费者的业务一样，移动技术通过增强透明度和动态性而创造了全新的业务模式，同时加快了演进型和革命性的创新。

基于分析技术

分析的价值通过移动技术而增强，不仅是通过提供更准确的时间和地点信息，更是通过将大决策细分为一系列小决策，从而能够更准确地掌握预期结果。更准确地输入信息也增强了对分析洞察质量的信任度。即时分析智能提供了对形势的实时了解，可以增强响应能力。这样，每一步——从产品和服务创建到每个客户接触点——均能利用先进的分析能力。简言之，移动分析加快了信息投资回报。

设计从移动设备着眼

移动技术重新定义了可能的运营模式和参与模式，将企业系统的设计转变为对最终用户体验的关注。基于时间、地点、速度、温度及更多设定维度，针对最适合的形状因数（智能手机、平板电脑和可穿戴设备）而构建应用，这样可创造一个随时随地的环境。所有这些都配备了高度直观的可视化界面。移动性不应作为一种事后想法，而应是起点。

释放高权限员工的能力

个人企业从管理员工演变为优化生态系统；从“向流程分配人员”演变为“为人员创造流程”。通过围绕人员动态地重新配置工作流，移动与分析技术的结合可帮助员工根据对形势的了解而做出包含丰富上下文信息的更好决策。沉浸式按需学习能力大大增强，虚拟协作的机会几无限制，这有助于每个员工扩充和丰富其技能集。通过灵活地创建自己的工作体验，员工可以在生态系统中找到完成任务的更好方法。

案例　乘客助理——在空中

由于空乘人员能够在航班上提供全面的服务，移动技术将深化乘客和航空公司之间的关系。空乘人员配备的设备能够提供客户出行安排的实时信息和校准，包括在飞行过程中重新预订航班。航班问题将在发生时立即解决。空乘人员有权实时接入飞行安排和员工工具，从而提高人员的效率。移动技术将降低差旅人士的焦虑，并增强乘客的忠诚度。

个人企业的五个构件

构建真正的个人企业首先从领导者定义移动转型历程和号召采取行动开始。借助客户洞察，领导者必须构想由外而内的变革，确保每个客户的观点与每个员工的观点一致。

我们设想的深刻变革需要坚实的基础。个人企业的基本构件包括：

安全　安全的系统为企业和个人接受移动提供了信任和信心。

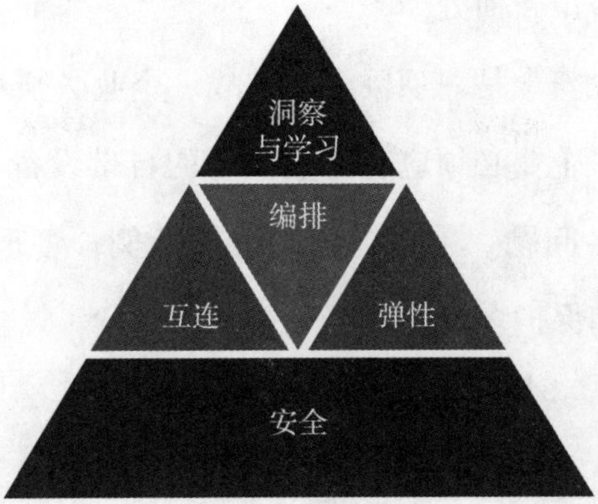

图 7.5 个人企业的基本构件

互连 “始终连接”的移动网络有助于在整个企业内创造信息和服务统一体。

弹性 连接、数据和服务的持续可用性是业务连续性的关键。

编排 流程和企业可围绕供应链和形势而实时配置。

洞察与学习 移动性在响应不同形势时产生了洞察信息。

安全

即使偶尔看一眼当前的商业新闻，您也会发现数据安全的重要角色。严重安全漏洞可导致企业遭受数十亿美元的损失、无以计数的客户丢失、声誉受损，甚至造成高层管理人员离职。随着移动技术加快企业数据的流动，数据的安全要求变得更加关键。

个人企业主动地以端到端方式监控、控制并保护企业数据——即使终端处于持续移动状态。坚实的安全性不仅确保关键信息在任何时候的可靠性和可用性，而且可保护共享这些数据的整个生态系统的关系链。它使员工、合作伙伴、客户和其他相关利益人能够接入关键任务应用和数据，而无论设备位于何处。

保护个人企业安全是一项巨大的挑战。企业必须对设备安全提供集中管理，而且许多企业必须应对日益流行的自带设备（BYOD）现象带来的孤立设备平台问题。采用综合的合规条例、管理策略和流程来配置、支持、监控和保护多个平台至关重要。

案例　随时随地提供金融建议

金融顾问可以采用移动技术消除物理障碍，从而在需要的地点和时间与客户保持联系。采用能够提供大数据及认知分析和建议的移动设备，金融顾问能够将其基于技术分析的角色转化为合作和客户互动角色。

“可信的顾问”将成为普遍现象，并推动客户满意度的提高。随着顾问的质量和行为与领先实践不断融合，利润空间会不断增加——底层 20%用于持续实现投资成果，而顶层 20%用于提高客户服务质量。

互连

跨时间和跨空间接入企业资产将成为未来企业的标志。这要求跨企业系统和平台的无缝的信息集成，以及收集、协调数据并在设备间共享数据的能力。无处不在的公共和私人无线网络至关重要。此外，允许数据传输的新兴技术也很关键，例如近场通信、无线标准，这样，物品无须 IP 地址即可连接并共享数据。

随着物联网的爆炸性发展，广泛的移动连接成为必然趋势，预计到

2020 年，物联网数量将达到 500 亿个。据一次调研指出，从 2013 年到 2022 年，人员、流程、数据和物体估计将创造 14.4 万亿美元的价值（更高收入和更低成本的联合影响）。[6] 这种互连允许立即接入企业数据，实现协作、紧急协调、前所未有的群组行为和同步。这也将提供按需接入记录系统、更快的响应速度和更好的资产优化。

尽管物联网目前已经出现，连接了超过 100 亿个设备，但无限制的互连并非没有挑战：必须解决平台的复杂性问题，必须实施可轻松地将不断变化的组件融合在内的灵活架构；必须加强移动网络必要的扩展性和强健性。

弹性

总之，网络冗余和弹性至关重要。资源的可靠性和可用性必须没有间断，无论是否面临着设备或系统故障的挑战。与必须保证安全一样，数据和应用在交流点必须始终可用且良好运行。

企业应提供多个接触点，使用松散互连组件构建系统级冗余，并且在其网络设计中实现弹性。企业必须为可能的故障做出设计和规划，制订充足的灾难恢复和应急计划，并且采用与业务价值和需求一致的策略。

编排

移动技术的部署可实现复杂流程安排、协调和管理的自动化。通过理解当前形势并提供响应解决方案，这种包含智能化的系统将为员工提供更大的能力，并且帮助企业以更少的投入获得更高产出。工作流的组件化提高了效率，并且使企业和个人能够快速组合并重新组合不同的应用，基于当前情况快速确定并实施特定解决方案。

洞察与学习

如果说移动技术促成了个人企业的出现，那么先进的分析就是它的动力。提取、分析和管理基于位置的丰富上下文数据——结构化和非结构化数据以及由更精确、丰富的设备特性提供的数据——这一新型应用能够产生可执行的洞察力和更明智的决策。这些应用将随着时间的推移而更加高效和强大。对于数据和交易的持续迭代研究和调查将增强这些应用中整合的组织智能。与人脑一样，这种智能的响应能力不断提高，并且即时地学习新知识，最终为进一步推动决策提供预测性和规范性建议。

案例　为电信业现场工程师化繁为简

配备分析技术的移动设备为电信业现场工程师提供了协作平台和销售支持工具，使他们能够通过实时协作而解决现场的复杂问题。通过接入即时可用的专业能力，工程师缩短了故障修复和服务时间，同时提高了效率。日程安排和其他职能允许灵活地改变路线，以解决紧急问题，或者充分利用时间。更多面向客户的时间可用于为更多的服务提供基于分析的建议和意见。

激活个人企业

顾名思义，个人企业是高度定制化的企业。在移动性和高级分析无处不在的新时代，没有两家企业的情况完全相同。然而，在不同企业中，甚至不同行业中，实现愿景所需的某些步骤是相同的。此外，借助互联网，先发优势将帮助企业获取最大市场份额，从而实现持续的转型价值。

我们看到，个人企业的实现包含五个明确的步骤，即

通过角色历程图描述员工/用户体验　基于对用户需求的深入了解来设计整个历程中的故事情节，然后分享关于应用的展示、模板和功能信息。

测试应用并量化成本和收益　首先确定与组织需求相符的移动应用，然后开展试验活动，以获取实际运行体验，并允许进行性能评估。

培养能力，实现个人企业　制订战略并规划技术转型路线图，然后利用企业软件和应用编程接口（API）目录与开发环境。

利用现有应用和解决方案　确定利用现有第三方解决方案和应用的机会，以实现快速上市，并降低开发成本。使用标准开发人员套件，利用现有应用并基于此构建新应用，同时制定应用市场和采购战略。

提高价值和收益规模　对于个人企业的内部支持者，最严峻的挑战可能是宣传更密切的协作和数据驱动的决策所带来的有时无形的收益。然而，企业必须将移动性作为企业内以及生态系统中合作伙伴之间的主要互动模式。建立新的工作方式并且使组织政策和治理程序与新的移动技术现状保持一致非常关键。另外，随着移动性战略持续演变，定义绩效参数和成功标准并进行成本收益分析也很关键。

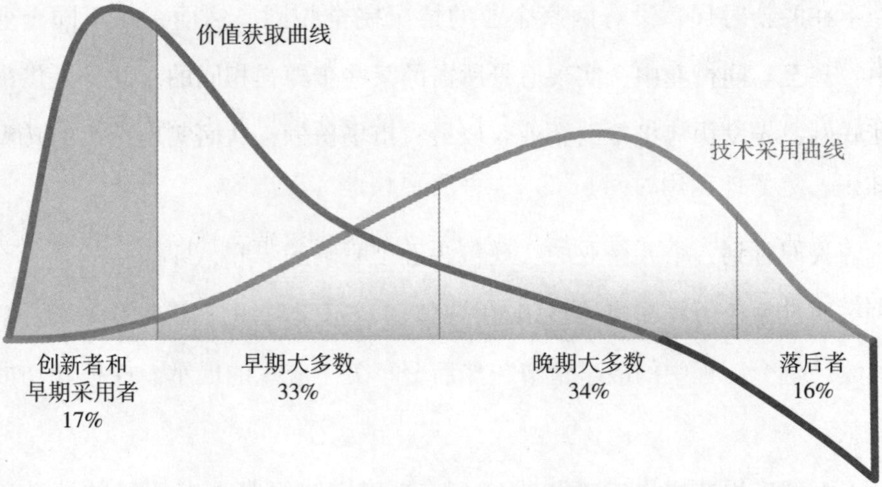

图 7.6　领导者将获得最多的价值，而落后者可能面临着价值破坏

案例　社交服务专家即时解决紧急问题

移动性提供了两方面的收益：生产力的显著提高和社交服务中客户成效大大改善。通过实时地接入案例记录、建议的行动、不断优化的案例、资源和专家，社交服务案例处理人员可利用移动技术消除制度痛点，并促进更好、更快的决策。移动性实现了实时的协作和明智的决策，减轻了跨机构协调的挑战。客户体验得到了改善，过去由于稀缺资源而受到限制的领域，现在可以为更大范围内的人员提供服务。

移动性让我们更智慧、更高效且更快

移动与分析，这两种同步发展的现象将实时情境信息交到员工手中，并且提供预测建议和洞察力，以改善决策——业务开展的方式从此发生改变。这两种技术将使人们能够有机会在需要的时间和地点开展协作，并且增强组织的专业能力。因此，员工能够更好地利用整个企业的知识，更好地利用时间和资产，并且更快地实现成效。

最后，这将使企业能够发现、定义并优化终端客户新的、正在冒头的期望和需求，并创建真正独特的、令人振奋的体验。

作者

Fred Balboni　IBM 全球企业咨询服务部战略与分析全球高级合伙人。他将 IBM 的管理咨询方法与其在垂直行业、大数据、分析、数学和信息管理领域的专业知识整合在一起，帮助客户通过识别、预测并执行业务洞察而实现持续的收益。Fred 的联系方式是：fbalboni@ us.ibm.com

Saul J. Berman 博士　IBM 全球企业咨询服务部合伙人、副总裁和首席战略家。他与全球著名公司密切合作，共同解决战略性业务问题。他拥有超过 25 年的咨询经验，为大型企业和新企业的高级管理人员提供咨询。他的联系方式是：saul.berman@ us.ibm.com

Peter J. Korsten　IBM 全球企业咨询服务部合伙人，全球思想领袖与卓越副总裁。他领导 IBM 商业价值研究院、IBM 基准咨询活动和 GBS 全球卓越计划。他是当代战略和高层管理绩效领域的公认专家，并领导 IBM 的最高管理层调研系列。他的联系方式是：peter.korsten@ nl.ibm.com

调研领导者

Anthony Marshall，IBM 商业价值研究院的战略与分析领导人。Anthony 在咨询和分析领域拥有 20 年经验，并与多家全球 1200 强公司合作。他在 IBM 战略与创新金融服务部门领导了大量客户项目，并且拥有深入的公共领域经验，尤其在私有化和解除管制方面。Anthony 还在纽约市博纳德学院和澳大利亚大学开设经济学讲座。他的联系方式是：anthony2@ us. ibm. com。

合作者

Kevin Custis，David Lubowe，Katharyn White

致谢

同时感谢 Sachi Desai，Rachna Handa，Christine Kinser，

Kristin Meadows，Aniruddha Ray，Rajrohit Teer 为此报告所做的贡献。

注释与数据来源

1 Tomi Ahonen Almanac 2013; http://communities-dominate.blogs.com/brands/2013/03/the-annual-mobile-industry-numbers-and-stats-blog-yep-this-year-we-will-hit-the-mobile-moment.html.

2 Worldwide Wearable Computing Market Study, IDG; http://www.idc.com/getdoc.jsp? containerId=prUS24794914.

3 Mary Meeker, 2014 KPBC Internet Trends; http://www.kpcb.com/internet-trends.

4 Moving from the back office to the front lines, IBM IBV; http://www-935.ibm.com/services/us/en/c-suite/csuitestudy2013/cio-infographic.html.

5 Stepping up to the challenge, IBM IBV; http://www-935.ibm.com/services/us/en/c-suite/csuitestudy2013/cmo-infographic.html.

6 Cisco Internet of Things study; http://www.cisco.com/web/about/ac79/docs/innov/IoE_ Economy.pdf.